집
블레스
유

정은길 지음

◦ 본 책은 사회초년생을 위한 경제미디어 '어피티(uppity.co.kr)'에 동명의 제목으로 연재된 칼럼을 바탕으로 작성되었습니다.

적게 벌어도 내 집 마련에 성공하는 **3단계 생각 플랜**

집 블레스 유

정은길 지음

들어가며

우리는 모두
내 집 마련을 위한
기획자입니다

"집 사지 말고 그 돈으로 주식하라."

˚동학개미운동
2020년 코로나19 사태가 장기화되면서, 국내 개인 투자자들이 기관과 외국인에 맞서 국내 주식을 대거 사들인 상황을 1894년 반외세 운동인 '동학농민운동'에 빗댄 표현

한국 ˚동학개미운동의 아버지, 메리츠자산운용의 존 리 대표이사가 한 말입니다. 집을 사면 전 재산을 깔고 앉아 있는 것이기 때문에 투자를 할 수 있는 기회비용을 잃는다는 뜻이죠. 주식 투자를 하면 내가 자는 동안에도 내 돈이 열심히 일해서, 결국 어제의 나보다 오늘의 내가 더 부자가 된다는 게 존 리의 주장입니다. 그래서 집을 사는 대신 최소한의 주거비인 월세를 내고, 남은 돈으로 주식 투자를 하라는 겁니다. 나를 부자로 만들어줄 돈을 주거비로 몽땅 써버리는 우를 범하지 말라는 거죠.

《오늘부터 돈독하게》(미디어창비, 2020)를 쓴 김얀 작가는 이렇게 말합니다.

"존 리는 존니 멀리 있다. 하지만 김얀은 가까이에 있다."

맞습니다. 존 리는 너무 멀리 있습니다. 그의 말을 따라 할 수 있는 사람이 있는가 하면, 그의 말이 비현실적으로 느껴지는 사람도 있습니다. 저에게도 존 리는 너무 멀리 있는 존재일뿐더러 저는 주식에 모든 재산을 투자할 만큼의 배포도 없어요.

저는 지극히 평범한 사람이라, 내 한 몸 누일 수 있는 소중한 집을 나의 소유로 갖고 싶었습니다. 평당 1억 원으로 오를 집도 아니고 운동장처럼 넓은 집도 아니에요. 그저 내가 안전하고 편안하게 느낄 수 있는 집이면 충분했습니다. 저에게 집이란 인간 생활에 꼭 필요한 기본 3요소 중 하나였거든요.

아마 집을 저처럼 생각하는 분들이 있을 것 같아요. 주거비까지 끌어모아 투자에 성공해 부자가 되고 싶은 마음도 있지만, 부자가 되기 이전에 '(그 누구도 침범할 수 없는) 내 (소유의) 집'에서 마음 편히 머무는 시간이 절대적으로 중요한 분들요.

사실, 저도 존 리 대표의 말처럼 집을 사고 싶지 않습니다. 저에게 돈이 엄청 많다면 말이죠. 돈만 많아 봐요. 집을 왜 삽니까? 2~4년에 한 번씩 새 아파트로 이사 다니며 쾌적하고 좋은 거주 환경을 누리며 사는 게 훨씬 낫지 않나요? 게다가 자기 소유의 집이 아니면 재산세도 안 내잖아요.

하지만 대부분의 사람들은 언제든 좋은 집으로 이사를 갈 만한 돈이 없습니다. 그래서 역설적이게도 돈이 부족한 사람일수록 내 소유의 집이 더 필요합니다. 언제 집값을 올려줘야 할지 몰라 전전긍긍하고, 언제 이사 가야 할지 몰라 인생 계획을 확실히 세우지도 못하는 건 경제적으로 아무런 도움이 안 되니까요.

내가 이사를 가고 싶을 때 이사를 계획할 수 있는 삶, 내 공간을 내 마음대로 꾸밀 수 있는 자유만 있어도 마음 편히 일에 집중할 수 있습니다. 그러면 일의 성과도 훨씬 좋겠죠. 결과적으로 수입도 더 나아질 확률이 높다고 생각해요.

저는 2008년에 첫 집을 마련한 이후 유주택자와 무주택자의 삶을 오가다 2020년 봄, 다시 1가구 1주택자가 되었습니다. 그때 남편이 이런 말을 하더군요.

"이제 일에만 집중할 수 있겠다."

무주택자였을 때 저는 참 많이 불안했어요. 언제 또 이사를 가야 할지 몰라 사고 싶은 게 있어도 꾹 참으며 짐을 늘리지 않았고, 함께 사는 고양이가 마룻바닥에 스크래치를 낼까 봐 카펫을 8장 넘게 깔며 힘겹게 청소했죠.

그래도 이런 불편은 괜찮았어요. 무엇보다 제 마음을 가장 불안하게 만든 건 '자꾸만 오르는 집값'이었습니다. 열심히 일해서

번 돈을 차곡차곡 모아 저축하는데 그 삶이 어쩐지 잘못된 것 같다는 느낌이 저를 아주 힘들게 했어요.

투자를 안 하면 바보고, 은행에 저축하면 등신이라고요? 왜요? 남의 것을 빼앗는 도둑질을 하는 것도 아니고 적게 일하고 큰돈을 기대하는 요행을 경계하는 건데 이게 왜 나빠요? 그냥 성실히 일하고 그 돈 모아 집 사면 안 돼요? 그걸 기대하는 게 그렇게 멍청한 생각이에요?

갭 투자가 난무하고, 그 덕분에 아파트 100채를 가진 사람이 부동산 전문가가 되는 세상이 저는 너무 괴로웠어요. 제가 옳다고 믿었던 생각이 잘못된 것이라는 질타를 받는 기분이 들 때면 무주택자로 사는 게 마치 실패한 인생처럼 느껴졌죠. 그럼에도 저는 투자에 나서지 않았습니다. 저에게 필요한 건 투자가 아니라 실거주 목적의 집이었으니까요. 다만 '그냥 집' 말고 '마음에 드는 집'을 사야겠다 결심했어요.

2008년에 산 첫 집은 너무 무지한 상태에서 결정한 터라 '많이 불편한 집'이었습니다. 2012년에 갈아탄 집은 일터와 거리가 멀어 이동 시간이 낭비되는 '너무 비효율적인 집'이었어요. 저에게 불편한 집은 남에게도 그렇겠죠. 그래서 그 두 집을 파는 게 녹록지 않았습니다. 겨우 집을 판 이후 집을 사는 데 신중해진 저는 무주택자가 되어 여러 집을 경험해보고 싶었습니다. 그런데 그 무주택자였던 동안 제 마음은 지옥이었어요. 우리 모두 알다시피 집값이 미쳤거든요. 다시 유주택자가 되고자 마음먹은 후에야 저는 제가 살고 싶은 집에 대한 '기획'을 드디어 하기 시작했습니다.

- 나는 중요한 점을 사수하기 위해 무엇을 포기할 수 있는가?
- 나는 집에 머물 때 어떤 점을 가장 중요하게 생각하는가?
- 나는 일과 휴식의 공간을 어떻게 바라보고 있는가?
- 나의 예산은 얼마까지 가능한가?

내 마음에 드는 집을 기획하고 그 조건에 맞춰 선택한 세 번째 집은 역시나 만족도가 높았습니다. 남편의 말대로 이제 진짜 일에만 집중할 수 있는 상황을 만들 수 있었죠.

저는 부동산 투자를 한 게 아니라 마음의 평화를 샀다고 봅니다. 제가 마음 편히 살 수 있는 실거주 목적의 집을 산 것이고, 그 목적을 달성한 것이니까요. 집값이 떨어지면 어쩌냐고요? 뭐 어때요? 그땐 어차피 다른 집들도 똑같이 떨어질 텐데요.

저는 아직 내 집 마련을 못 한 많은 분들이 과거의 저처럼 실거주 목적의 소중한 내 집을 원하고 있다고 생각합니다. 그래서 저 멀리 있는 전문가의 조언이 아닌, 여러분 가까이서 여러 시행

착오를 경험한 저의 이야기를 해드리고 싶었어요. 저는 29살에 1억 원을 모아 유주택자가 된 후 다시 무주택자와 유주택자를 거치며 부동산 상승세와 정반대의 흐름을 탔습니다. 다른 분들만큼은 이런 저와 달리 몸고생, 맘고생을 덜 하길 바라는 마음으로 사회초년생을 위한 경제미디어 '어피티^{UPPITY}'에서 부동산 칼럼을 쓰기 시작했습니다. 그리고 확인했죠. 정말 많은 분들이 실거주 목적의 자기 집을 원한다는 걸요. 부동산 뉴스에서는 투자와 집값 소식만 난무하지만, 그 뉴스에 실리지 않은 소중한 생활공간으로서의 집을 원하는 사연들도 있다는 걸요.

그래서 이 책을 썼습니다. 어피티 칼럼에서 연재했던 내용을 바탕으로 더 상세한 내용을 담았어요. 보다 많은 분들께서 소중한 내 집을 마련했으면 하는 마음으로 '생각의 전환'과 '실천 방법'도 꾹꾹 눌러 담았습니다. 여러분이 내 집 마련을 보다 현실적으로 생각할 수 있도록, 내 집이 '아무 집'이 아닌 '내 마음에 드는 집'이 되게끔 스스로 기획해서 고를 수 있도록 도와드리고 싶었어요.

어떠세요? 이 책과 함께 그 여정을 시작해보겠어요?

작가
정은길

이 책이 필요한 분들

이 세상
모든 '이경자'를
위하여

'이경자'란 사람이 있습니다. 대학을 졸업하고 열심히 노력해 취업을 한 대견한 32살의 직장인이에요. 경자 씨는 명절이면 부모님께 용돈 정도는 드릴 수 있고, 월급날이면 갖고 싶은 화장품이나 옷도 충분히 살 수 있어요. 적은 금액이지만 저금도 해요. 경자 씨는 '아, 나도 사회의 한 구성원으로서 사람 구실하며 사는구나!' 싶은 마음에 스스로가 대견하기도 해요.

다만, 경자 씨가 이런 생활을 할 수 있는 이유는 부모님과 함께 살기 때문이에요. 주거비가 들지 않는 덕분에 이 모든 소비가 가능하죠. 같은 방을 쓰던 2살 위 언니가 결혼한 후로는 '내 방'에서의 삶이 나쁘지 않다고 생각하고 있습니다.

그런데 경자 씨에게 얼마 전, 엄청 놀랄 만한 일이 있었습니다. 직장 동료가 독립했다며 집에 초대를 했는데, 당연히 월세나 전세라고 생각한 집이 글쎄 '자가'라는 거예요. 세상에! 경자 씨의 통장에는 직장 생활 7년 동안 알뜰히 모은 5천만 원이 있거든요. 스스로 엄청 대견하다고 생각하는 돈이죠. 그런데 비슷한 월급을 받는 동료는 벌써 집을 샀다는 거예요. 경자 씨는 5천만 원이면 '당장 회사를 그만둬도 한동안 굶지는 않겠구나!' 안도하며 살았는데, 그 동료는 집을 샀다고요!

그런데 뉴스를 찾아보니 2020년에 집을 제일 많이 산 사람들이 30대라는 거 있죠. 영끌을 했든 패닉 바잉을 했든, 어쨌든 집을 샀다는 거 아니에요? 아니, 다들 언제 그렇게 집 살 계획을 세웠대요? 집이 한두 푼 하는 게 아닌데 어떻게 그렇게 집을 샀대요?

> **영끌**
> '영혼까지 끌어모아 아파트를 산다'의 줄임말로, 대출을 최대한 받아 집을 사는 행위
>
> **패닉 바잉** panic buying
> 사회 환경의 변화 등으로 발생한 심리적 불안 때문에 물품을 사들이는 현상

경자 씨는 갑자기 머리가 아파오기 시작합니다. 내 집 마련은 아주 먼 미래의 일이라고 생각했는데, 이미 내 주변에서 벌어지고 있는 일이라고 생각하니 어쩐지 혼자 덜 자란 기분을 떨칠 수 없었어요.

사실 경자 씨도 독립하고 싶단 생각은 늘 하고 있었습니다. 회사와 본가의 거리가 멀어 날마다 출퇴근으로 버리는 시간과 교통비도 아깝고, 체력적으로도 점점 힘들어지고 있었거든

요. 게다가 자꾸 결혼하라고 재촉하는 부모님의 잔소리도 괴롭고요. 사실 경자 씨는 비혼주의자인데 부모님이 전혀 이해를 못 하시거든요. 서로 삶에 대한 가치관이 달라 대화가 늘 다툼으로 끝나요.

경자 씨는 부모님과 습관처럼 싸우는 것도 지겨워졌고, 부모님 취향으로 꾸민 집에서 평생 살고 싶지도 않아졌어요. 사생활이라는 걸 지키고도 싶어졌고요. 그래서 회사 근처에 집을 얻고 싶은데 막상 독립을 하려니 돈도 부족한 것 같고, 어디에 어떤 집을 구해야 할지 전혀 모르겠다고 하네요.

여러분은 어떤 걸 할 수 있어야 진짜 어른이라고 생각하세요? 저는 '내 거주지를 스스로 결정할 수 있는 사람'이 진정한 어른이라고 생각했습니다. 그래서 29살에 1억 원을 모으자마자 한 일이 바로 집을 사는 거였어요. 저는 어릴 때 부모님께서 이혼을 하시는 바람에 할머니, 할아버지와 오래 살았어요. 이 때문에 어린 시절부터 제 인생의 화두는 '자립'으로 설정되었죠. 어른들의 결정에 따라 제 거취가 결정되는 삶에서 벗어나는 '진짜 자립'을 아주 일찍부터 생각하게 됐거든요.

자립에 대한 생각은 곧바로 내 집과 연결되었습니다. 내 힘으로 내 집을 마련할 수 있다면, 즉 내 거주지를 내가 결정할 수 있는 '이경자'가 된다면 진짜 어른이 된다고 생각했어요.

아, 그런데 이경자가 누구냐고요? '이경자'는 '이제는 경제 자립하자!'의 줄임말로 과거의 저이자 지금 이 책을 읽고 있는 여러분입니다. 바로 진정한 어른의 관문을 뛰어넘는 순간을 거치는 우리 모두의 모습이죠.

저는 100만 원대의 월급을 받기 시작한 후부터 이경자를 꿈꾸며 저축을 했습니다. 꼬박 7년 동안 아주 열심히 저금하여 1억 원을 모았어요. 그 과정이 고단하기도 했지만, 진정한 어른이자 진짜 이경자가 되기 위해 포기하지 않았죠.

저는 여러분이 이 책을 고른 이유가 이경자가 되고 싶어서라고 생각해요. 내 힘으로 집도 장만하고, 거주지도 주도적으로 옮기는 삶을 살 수 있는 자립한 어른 말이에요.

몇 년 사이 집값이 미친 듯이 오르기도 했고, 대출 규제도 예전보다 심해졌어요. 그래서 '내가 열심히 일해서 돈을 모아도 과연 집을 살 수 있을까?' 하는 의심이 드는 것도 사실이에요. 하지만 이경자가 되기로 결심한 이상, 그 목표는 실현 가능하다고 자신 있게 말씀드립니다. 제가 직접 경험해보았고, 연소득(월소득이 아닙니다)이 480만 원이었던 김얀 작가도 해냈으니까요. 돈이 많이 부족해도 자가의 꿈을 이룬 사람들이 있어요! 이제 진짜 경제 자립을 하겠다는 마음의 준비가 되셨나요? 그렇다면 이제 다음 페이지를 넘겨주세요.

이 책 사용설명서

1. 책을 읽기 전, 다른 부동산 정보나 부동산 재테크 수기는 잊습니다.

2. 저의 경험담을 토대로 작성된 '적게 벌어도 내 집 마련에 성공하는 3단계 생각 플랜'을 읽습니다. 각 단계는 '10가지 질문'으로 구성되어 있습니다.

1 단계	2 단계	3 단계
첫째 왜 집이 사고 싶으세요? 둘째 가격이 오른 집을 놓쳐서 후회하고 있나요? 셋째 전문가, 부모님, 주변의 말… 무엇이 나를 흔들리게 하나요? 넷째 내가 원하는 집의 콘셉트는 무엇인가요?	다섯째 대출이 왜 두려우세요? 여섯째 첫 집에서 얼마나 살 계획인가요? 일곱째 내 집 마련 그 후에 대해 상상해봤나요?	여덟째 그래서, 언제 살 건가요? 아홉째 집값 상승론을 믿나요, 폭락론을 믿나요? 열째 내 집이 생길 가능성, 몇 퍼센트라고 생각하나요?

3. 각 질문 말미에는 그 질문과 관련하여 '내 집 마련'에 대한 생각을 적을 수 있는 생각 보드가 있습니다. 왼편의 '이경자' 답변을 참고로 나만의 생각 보드를 작성합니다.

4. 책을 다 읽고, 생각 보드를 정리했다면 내가 꼭 살고 싶은 '내 집'뿐 아니라 이를 얻을 현실적인 방안들이 그려집니다.

5. 부록을 통해 다양한 주거 문제를 겪은 사람들의 고민을 읽고 그에 대한 해답을 배웁니다.

차례

들어가며
우리는 모두 내 집 마련을 위한 기획자입니다 … 4

이 책이 필요한 분들
이 세상 모든 '이경자'를 위하여 … 10

이 책 사용설명서 … 14

1단계 생각 짓기
집에 대한 나만의 기준 세우기

첫째 왜 집이 사고 싶으세요?

나에게 집이 필요한 단 한 가지 이유 … 24
나의 결핍, 내 집 마련의 가장 강력한 동력 … 27
재테크 공부의 체크포인트, 그 사람의 이유와 결핍 … 30
[생각 보드1-3] #이유 #결핍 #사례 … 34

둘째 가격이 오른 집을 놓쳐서 후회하고 있나요?

남과 비교한다고 집이 생기는 건 아닙니다 … 38
놓쳐버린 집 때문에 괴로워 미치겠다고요? … 42
그래도 방법을 찾으세요 … 46
[생각 보드4-6] #후회 #행복 #셀프위로 … 50

셋째 전문가, 부모님, 주변의 말…
무엇이 나를 흔들리게 하나요?

정보가 많으면 재테크를 더 잘할 수 있을까요?   54
내 집 마련 수기에 현혹되지 마세요   58
내 집 마련은 다이어트와 같습니다   62
[생각 보드7-9] #반응 #재테크스타일 #다짐   66

넷째 내가 원하는 집의 콘셉트는 무엇인가요?

조선시대에도 제일 비싼 게 집이었습니다   70
가성비 좋은 집, 들어보았나요?   73
내 집의 가장 유능한 기획자는 바로 나 자신입니다   77
[생각 보드10-12] #가용예산 #동네 #주거형태   82

2단계 생각 전환
빚, 돈, 부동산에 대한 발상 바꾸기

다섯째 대출이 왜 두려우세요?

착한 빚을 거부하지 마세요   88
빚 빨리 갚는다고 누가 상 주는 거 아닙니다   94
내가 감당할 수 있는 만큼의 자본주의를 이용하세요   99
[생각 보드13-15] #대출두려움지수 #매매가 #대출금   104

여섯째 첫 집에서 얼마나 살 계획인가요?

처음부터 맘에 쏙 드는 집을 살 수 있을까요? 108
계약 기간은 무조건 채워야 한다는 생각을 버리세요 111
낯선 동네는 무조건 피하는 게 좋을까요? 114
[생각 보드16-18] #주거기간 #동네의장단점 #떠날까말까 118

일곱째 내 집 마련 그 후에 대해 상상해봤나요?

내 집에 살아도 불편할 수 있습니다 122
남의 집에서 산다는 건, 참 조마조마하다는 것 126
집주인도 신경 쓸 게 많습니다 131
[생각 보드19-21] #선호 #설움 #미래 136

생각 확장
3단계 내 집 마련을 위한 골든타임 모색하기

여덟째 그래서, 언제 살 건가요?

집은 도대체 언제 싸게 살 수 있을까요? 142
전문가들의 말을 듣는 게 답일까요? 146
지금 집을 사야 할까요? 148
[생각 보드22-24] #부동산이슈 #전문가의말 #타이밍 150

아홉째 집값 상승론을 믿나요, 폭락론을 믿나요?

"그래서 당신이 무주택자인 겁니다"   154

집을 가진 사람들의 끝없는 욕망   158

'이거라도 사야지' 하면서 집 사면
반드시 후회합니다   162

[생각 보드25-27] #집값 #조급함 #냉정함   168

열째 내 집이 생길 가능성, 몇 퍼센트라고 생각하나요?

내 집 마련 역시 믿음과 용기의 문제입니다   172

아직 늦지 않았습니다   176

집은 선택이 아니라 필수입니다   178

[생각 보드28-30] #가능성 #손품발품 #집의의미   182

나가며
부동산은 막막하고 주식은 어렵고
코인은 두려운 여러분께   184

부록 RE: 내 집 마련 Q&A   189

생각 짓기

집에 대한 나만의 기준 세우기

첫째 왜 집이 사고 싶으세요?
둘째 가격이 오른 집을 놓쳐서 후회하고 있나요?
셋째 전문가, 부모님, 주변의 말… 무엇이 나를 흔들리게 하나요?
넷째 내가 원하는 집의 콘셉트는 무엇인가요?

첫째

왜 집이
사고
싶으세요?

여러분, 집을 사고 싶나요? 너무 비싸서 엄두가 안 난다고요? 연일 계속되는 신고가에 놀라고, 그걸 사는 사람이 있다는 사실에 또 놀라는 요즘입니다. 저도 최근에 새로 지어진 아파트의 가격을 보고 기함을 했는데, 그 비싼 집에 사람들이 다 들어가서 살고 있다는 현실이 새삼 놀랍습니다.

이런 상황에서 집을 산다는 게 과연 현실적인 목표가 될 수 있을까요? 버스를 타고 가다 보면 수많은 집들이 보이는데, 그중 내 이름으로 된 집을 이번 생에 마련할 수 있을까요? 이 질문의 답을 생각하다 보면 결국 이렇게 마무리되곤 하죠.

"그래, 이번 생에 내 집 마련 같은 건 없는 거야. 깔끔하게 이번 생은 포기하자. 내 집 마련은 접자."

만약 이런 생각을 했다면 그 결정, 잠시 보류해주세요. 지금부터 내 집 마련을 위한 부동산 이야기를 전해드릴 테니까요. 29살에 1억 원을 모아 내 집을 사본 사람으로서 어떻게 하면 이 험난한 부동산의 파도 속에서 고요한 나만의 공간을 마련할 수 있는지, 정말 평범하고 실현 가능성 있는 이야기를 해보겠습니다.

나에게 집이 필요한
단 한 가지 이유

'나는 왜 집을 사려고 하는가?'

이 질문에 스스로를 설득할 수 있는 답을 하지 못하면 내 집 마련은 어렵습니다. 나는 왜 집을 사려고 하는지 그 이유부터 확실히 해주세요.

Q 회사를 왜 다니나요?
A 나만 안 다니면 이상하니까.

어떤가요? 굉장히 흔한 사고방식입니다. 하지만 나를 힘들게 하는 생각이기도 하죠. 학교를 졸업하면 남들 다 취업하니까 나도 그 흐름에 아주 자연스럽게 휩쓸립니다. 물론 취업은 절대 나쁜 게 아니기 때문에 그 흐름을 타 성공하면 다행이죠. 그러나 내가 무엇을 원하고 있고, 어떻게 살고 싶은지, 그래서 어떤 회사에 가서 무슨 일을 해야 하는지를 알고 취업한 사람과 비교했을 때 삶의 만족도는 천양지차입니다.

제 생각엔 내 집 마련도 똑같은 것 같아요. '남들도 다 집을 사려고 하니까 나만 없으면 이상해서', '어쨌든 집은 필요하다고 하니까' 식의 접근으로는 안 됩니다. 내 집 마련은 장기전이거든요. 상당한 시간을 아끼고 저축하고 나름의 투자도 해가면서 돈을 모으고 굴리고 불리는 과정이 이어져야 해요.

이 과정이 그리 순탄치만은 않습니다. 중간중간 현타가 와요. '몇 십만 원 모은다고 정말 집을 살 수 있나?', '이렇게 고생만 하다가 이번 생은 끝날 것 같은데 그냥 있는 돈 다 써버리고 죽자', '나도 맛집, 여행 다니면서 인생 좀 즐겨야 숨통이 트일 것 같다' 이런 생각이 불쑥불쑥 튀어나온단 말이에요.

저는 이런 생각 다 이해해요. 돈, 쓰고 싶을 거예요. 힘들게 돈 버는데 마음대로 쓰지도 못하면 스트레스가 감당할 수 없을 만큼 쌓이니까요. 하지만 매번 이런 생각에 흔들리면 내 집 마련은 정말 다음 생에나 가능할 수 있어요.

그렇다면 어떻게 해야 이런 돈태기를 이겨낼 수 있을까요? 제가 처음 드린

> **돈태기**
> 열심히 돈을 모으다 현타를 맞고 지쳐 나가떨어지는 시기

질문 있죠? '나는 왜 집을 사려고 하는가?' 이 질문에 대한 답을 확실히 하면 됩니다. 왜 내가 집을 사려고 하는지 아주 명확한 이유를 찾으셔야 해요.

물론 결혼할 생각도 없고 평생 부모님 집에서 살 거라면, 그걸 부모님도 동의하셨다면 굳이 집 안 사셔도 됩니다. 괜히 부동산 뉴스 보면서 '내 인생 불쌍해'란 생각 안 하셔도 돼요. 하지만 '나는 이러이러한 이유로 꼭 내 집, 내 공간을 마련하겠다'는 결심이 있다면 돈태기를 비교적 쉽게 넘어갈 수 있습니다. 누군가는 이러한 결심과 이유를 '핏빛처럼 선명한 목표'라고 표현하기도 했더라고요. 그만큼 흔들리는 나를 잡아줄 만한 명확한 이유를 반드시 찾아야 합니다.

나의 결핍,
내 집 마련의 가장 강력한 동력

면접장에서 '우리 회사에 왜 들어오려고 하나요?'란 질문을 받아본 적 있나요? 어떻게든 대답을 하긴 하지만 속으론 이렇게 생각했죠?

'그야 돈 벌려고 그러지!'

뻔한 답변이지만 이건 아주 중요한 생각이에요. 힘들고 귀찮은 서류 전형과 두렵고 떨리는 면접 등의 과정을 굳이 감수하는 이유는 지금 나에게 없는 돈을 만들기 위해서입니다. 즉, 현재의 결핍이라 할 수 있는 '나에게 없는 돈'은 곧 나를 기꺼이 움직이는 원동력이기도 합니다.

'나는 왜 집을 사려고 하는가?'의 명확한 이유가 떠오르지 않는다면 현재 나의 결핍을 떠올려보세요. 내 공간이 필요한 이유가 분명 나타날 거예요.

앞에서도 언급했지만 저는 어릴 때 부모님이 이혼을 하셨어요. 그래서 초등학교 2학년 때부터 할머니, 할아버지와 살았죠. 감사하게도 두 분 다 사랑으로 저를 키워주셨지만 조부모님의 집은 어쩐지 내 집이란 생각이 들지 않았어요. 그곳은 할머니, 할아버지 집이었죠. 엄마네 집도, 아빠네 집도 더 이상 내 공간이라 부를 만한 상황은 아니었고요. 그래서 당시 저는 '내 공간을 마련하리라', '내 손으로 나만의 스위트홈을 갖고야 말리라'는 생각을 했습니다. 중학교 1학년 때 신한은행에 가서 직접 계좌 만들고 용돈이란 용돈은 전부 입금할 정도였다면 얼마나 내 집 마련 의지가 강했는지 짐작되죠?

대학에 입학하고 아르바이트를 하며 돈을 벌기 시작하면서부터는 정말 열심히 저금을 했습니다. 제가 버는 돈의 90%를 적금에 쏟아부었어요. 취업한 후에도 가능한 한 많은 돈을 통장에 비축해두었죠. 그 결과 29살에 1억 원을 모을 수 있었고, 그 돈으로 저는 서울시 동작구 사당동에 아주 오래된 반지하 빌라를 살 수 있었습니다.

저라고 돈태기가 없었을까요? 당연히 있었죠. 제 직업은 아나운서였고, 주위 사람들은 대부분 풍족해 보였습니다. 명품 의류와 가방을 착용하고 고가의 자동차를 타고 다니며 비싼 화장품으로 외모를 관리하는 걸 쉽게 볼 수 있었어요. 하지만 저는 변변한 가방도, 자동차도, 고가의 화장품도 없었죠. 어느 날 같이 일하는 누군가가 저에게 묻더군요. "은길 씨는 왜 차를 안 사? 돈이 없어?" 그 질문에 제가 뭐라고 대답했을까요?

"아, 저는 집을 샀어요."

그 질문을 받았던 때는 제가 집을 산 지 얼마 되지 않았을 때였어요. 한 방 먹이려는 의도는 아니었는데 '사이다'스러운 답변이 되었죠.

아무튼 내 집을 사겠다는 아주 명확한 이유, 나의 큰 결핍이 무엇인지를 알았던 덕분에 중간중간 크게 흔들리지 않고 묵묵히 돈을 모을 수 있었고 처음 결심 그대로 1억 원이란 목돈을 내 집 마련이라는 목표에 모두 쓸 수 있었습니다.

재테크 공부의 체크포인트,
그 사람의 이유와 결핍

　재테크 책이나 정보를 왜 보나요? 대부분 꿀팁을 기대하는 것 같아요. 물론 내가 잘 몰랐던 돈 관리의 꿀팁을 알게 되면 이득이죠. 실제로 그 방법을 실천하고 통장 잔고도 는다면 금상첨화고요. 하지만 대부분은 '아~ 그렇구나' 하고 곧 잊어버리거나 '그건 나도 알아' 하며 휙 넘겨버리는 경우가 많습니다.

　저는 앞으로 여러분이 누군가의 돈 관리 이야기를 접할 때 그 사람의 이유와 결핍에 집중했으면 좋겠어요. 그 정보를 참고하면서 나만의 이유와 결핍을 다시 한번 상기하고 재정비하면 목표를 향한 정진에 도움이 되거든요.

사례1 잦은 이사가 지겨운 이경자

이유 직장과의 거리 때문에 본가에서 나와 자취 중. 재계약이 안 되거나 집이 불편해 이사를 할 때마다 지겹고 지친다.

결핍 돈을 내고 사는 동안은 내 집이라고 생각하지만, 비상식적인 집주인의 잔소리나 간섭에 대꾸 한마디 할 수 없었다. 집을 형편없이 지어서 단열도 제대로 안 되어 곰팡이가 생긴 건데 청소랑 환기를 안 한 내 탓이라고 우길 때는 정말 뒷목 잡고 쓰러질 뻔했다. 내가 얼마나 청결에 민감한데! 도저히 말이 안 통해 돈으로 마음의 평화를 산 적이 많다. 누가 봐도 약자인 내 현실이 너무 괴롭다. 눈치 보지 않고 마음 편히 살 수 있는 내 공간에 대한 욕구가 너무 절실하다.

사례2 한 번도 자가에 살아본 적 없는 이경자

이유 늘 여유 없는 형편 때문에 가족 소유의 집에서 살아본 적이 없다. 부모님은 지금도 가난한 편에 속한다. 어릴 때는 어쩔 수 없었다고 쳐도 돈을 버는 직장인이 된 지금은 내 집 마련을 더 이상 미루고 싶지 않다.

결핍 어릴 때 친구를 집에 초대하고 싶어도 그럴 수 없었다. 늘 남의 집에 사는 처지라 대문이 아닌 쪽문으로 들어가야 했고 내 방이 없어서 차마 보여주기도 싫었다. 이제는 누군가를 초대해도 부끄럽지 않은 내 공간을 마련하고 싶다. 과소비하며 돈을 허투루 쓰는 부모님과 거리를 두고 싶은 마음도 있다.

어떤가요? 꽤 공감 가는 내 집 마련의 이유와 결핍이죠?

그렇다면 재테크 하면 떠오르는 존재인 '엄마'들은 어떤 이유와 결핍이 있기에 재테크, 특히 부동산 재테크를 잘하는 걸까요? 엄마들이 내 집 마련에 유리한 이유를 사례를 통해 한번 알아볼게요.

> **사례3** **안정된 교육 환경을 마련하고픈 엄마**
>
> **이유** 내 아이에게 안정적인 집을 느끼게 해주고 싶다. 적어도 학교에 입학한 이후부터는 가급적 전학 가지 않을 수 있게! 그래서 어떻게든 아이가 어릴 때 하루라도 빨리 집을 사야 한다.
>
> **결핍** 나는 부족한 게 많은 어린 시절을 보냈지만 내 아이만큼은 힘닿는 데까지 도와주고 싶다. 그러려면 주거 안정성부터 확보해야 한다.

어떤가요? 확실한 이유와 결핍이 눈에 들어오지 않나요? 제가 볼 때 명확한 내 집 마련의 이유와 결핍이 엄마들의 부동산 재테크 기술을 늘려준 가장 강력한 힘이 아닌가 싶습니다. 이처럼 내 집 마련의 사연에는 저마다 이유와 결핍이 있습니다.

사실 2030세대의 이경자도 엄마만큼이나 유리한 점이 있어요. 우선 풍부한 현금 유동성입니다. 활발히 경제활동을 하고 있는 덕분에 현금 흐름이 원활하잖아요. 이 조건은 대출을 받는 데에도 절대적으로 유리합니다. 게다가 사이드 프로젝트를 도전하기에도 가뿐한 상황이에요. 아직 결혼하고 출산과 육아를 거치고 있는 시기가 아니기 때문에 퇴근 후나 주말에 내 집 마련 프로젝트를 시도하기 나름 수월하거든요. 그러므로 나의 장점과 유리한 상황을 적극 활용한다면 내 집 마련이 그렇게 먼 일만은 아닐 거예요.

가장 우선해야 하는 건 명확한 내 집 마련 이유와 내 안의 결팁을 찾는 것입니다. 어렵게 느껴진다면 여러 사례를 참고해보세요. 재테크 꿀팁보다 더 귀중한 힌트를 얻을 수 있을 거예요. 이를 위해 바로 다음에 이어지는 생각 보드에 여러분의 대답을 꼭 채워주세요.

이경자의 Q&A

#이유 #결핍 #사례

Q1.
나에게 집이 필요한 단 한 가지 이유는 무엇인가요?

나는 비혼주의자인데 부모님이 이런 나를 이해하지 못한다. 갈등의 골이 더 깊어지기 전에 독립하고 싶다. 내가 원하는 삶을 살기 위해 내 힘으로 내 공간을 마련해야겠다.

Q2.
내 안의 동력이 되는 결핍은 무엇인가요?

독립, 자아 찾기, 주도적인 삶
어릴 때부터 언니와 비교당하며 개성을 무시당해왔다. 나는 결혼하고 아이를 낳고 사는 언니와 다르다. 성인이 된 후로도 부모님과 비교당하는 대화를 나눠야 한다는 게 너무 힘들다. 비교 대상이 아닌 나 자신으로 살고 싶은 욕구가 점점 더 커진다.

Q3.
다른 사람의 재테크 이야기 중 인상적인 이유와 결핍의 사례는 무엇인가요?

직장 동료나 학교 친구가 나보다 더 여유롭게 사는 걸 보면 질투심이 생긴다는 사례. 질투심이 열심히 노력하게 만들어 자기계발에 매진했고, 그 덕분에 몸값도 올리고 돈도 많이 모아 내 집을 마련했다는 이야기였다. 나도 비슷한 감정을 느낄 때가 많았는데 그동안 너무 안일했단 생각이 든다.

당신의 **Q&A**

Q1.
나에게 집이 필요한 단 한 가지 이유는 무엇인가요?

Q2.
내 안의 동력이 되는 결핍은 무엇인가요?

Q3.
다른 사람의 재테크 이야기 중 인상적인 이유와 결핍의 사례는 무엇인가요?

둘째

가격이 오른 집을 놓쳐서 후회하고 있나요?

역세권 신축 아파트의 가격을 제대로 본 적이 있나요? 솔직히 말하면, 저는 2018년 하반기까지 서울의 집값을 제대로 집중해서 본 적이 없었습니다. 경기도 외곽의 아파트에 자가로 살면서 거주 문제를 해결했다고 생각했거든요. 그러다 강남에 비즈니스 차 나가는 경우가 많아지면서 체력적으로 한계를 느껴 서울로의 이사를 고려했는데요. 이전과는 확연히 달라진 서울 집값에 입을 다물 수 없었습니다.

2019년이 되어서는 서울 집값이 더 미친 듯이 뛰었습니다. 그때 저는 이런 생각을 했어요.

'말도 안 되는 집값인 것 같은데 어떻게 다들 거래를 하는 거지? 저 비싼 집에 전부 사람이 살고 있다는 거야?'

비상식적이라고 생각했던 집값이 더 비상식적으로 오르는 와중에도 누군가는 집을 사고팔고 있습니다. 전체적인 거래량이 줄었다고는 하지만, 어쨌든 그 비싼 집에 누군가는 이사를 들어옵니다. 이 사실을 인식한 순간, 갑자기 빈부 격차를 실감했어요. 그리고 방황이 시작됐죠.

남과 비교한다고
집이 생기는 건 아닙니다

가슴에 손을 얹고 진짜 솔직하게 말씀드립니다. 저는 한 번도 저보다 잘사는 사람을 부러워한 적이 없어요. 제 손으로 무언가를 성취하고 이루는 삶이 참 좋았습니다. 그래서 돈 걱정 없이 취미 생활만 하며 사는 사람들은 제 눈에 들어오지 않았어요. 고가의 물건을 자주 사는 사람들보다 제가 미처 생각하지 못한 부분에서 무언가를 이룬 사람들이 훨씬 더 부러웠습니다.

오랫동안 아나운서로 활동하면서 경제적으로 풍족한 집에 시집간 동료들을 볼 때도 별 느낌이 없었습니다. 시댁으로부터 강남에 위치한 아파트를 빚 없이 받았다고 해도, 좋은 차를 선물받았다고 해도, 저는 정말 진심으로 '좋겠다'라고 말해줬어요. 부러움이 섞인 말이 아니라 순수하게 그 친구 입장에서 좋겠다고 생각했으니까요.

그런데 서울의 미친 집값이 이런 저의 건강한 생각을 망가뜨렸습니다. 제가 열심히, 그리고 즐겁게 일하며 마련한 노동 수입으로 거주 이전의 자유를 누릴 수 없는 현실 앞에서 스스로가 초라해졌습니다. 성실하게 절약과 저축으로 자산을 차곡차곡 늘려갔지만, 미친 집값 앞에서는 속수무책이었죠.

그때 처음으로 생각했어요. 내 힘으로 할 수 없는 일에 누군가의 도움을 받을 수 있는 사람들이 부럽다고요. 그러자 부러워한 적 없던 사람들이 눈에 들어오기 시작했습니다. 갑자기 변한 제 마음이 무섭게까지 느껴지던 시절이었어요.

그러던 어느 날, 며느리가 시어머니를 홀대한다더라 하는 가십을 접하게 되었어요. 유치원생 손자를 돌보며 아들네 부부와 함께 사는 시어머니였는데, 갑자기 집으로 에어컨 설치 기사가 와서 참 반가웠대요. '이제 나도 시원하게 여름을 날 수 있겠구나' 하는 마음이 들었던 거죠. 그런데 에어컨이 며느리 방에만 설치되는 게 아니겠어요? 하루 종일 손자랑 씨름하며 늙어가는데 아들네 부부에게서는 제대로 된 대접도 못 받는 자신의 처지가 너무 처량하다는 하소연이었습니다. 그 이야기를 들은 시어머니의 지인이 고민 끝에 그 며느리에게 왜 그랬는지를 물었더니 이런 대답이 돌아왔대요.

"어머니께서 서운해하는 거, 저도 알아요. 하지만 제 속도 말이 아니에요. 남편이 버는 돈으로 저희 가족 절대 못 살아요. 그래서 저도 종일 발바닥에 불나도록 학습지 교사 하며 돌아다녀요. 집에 와서도 채점하느라 할 일이 태산인데 제가 퇴근하면 어머니 어떠신지 아세요? 손 하나 까딱 안 하세요. 심지어 퇴근한 며느리에게 '밥 차려라, 남편 오는데 좀 씻고 있어라, 아이 공부 좀 봐라' 시키기까지 하세요. 제가 너무 힘들어서 배달 음식 먹자고 하면 늙은 시엄마가 애 봐주는데 몸에 안 좋은 거 먹이냐고 투덜대시고요. 결국 아이 보고, 집안일하고, 애 재우고, 가족 다 잠들면 그제야 제 남은 일 할 수 있어요. 그때 시원하게 일이라도 하자 싶어 에어컨 중고로 작은 거 하나 산 거예요. 남들은 시부모님이 서울에 아파트 하나 사놔서 그거 물려주기라도 한다는데 전 이게 뭐예요?"

며느리의 심정이 어떤지 이제 좀 알겠죠? 열심히 살아도 힘든 현실, 부모님의 도움 등으로 잘사는 주위 사람들 때문에 마음이 지옥이었던 거예요.

그런데 더 웃긴 게 뭔지 아세요? 집값이 오른 사람들의 마음도 천국은 아니었다는 겁니다. 제 친구는 자신이 살고 있던 5억 원짜리 아파트가 금세 9억 원으로 오르는 경험을 했어요. 저는 정말 부러웠습니다. 하지만 그 친구는 딱히 좋지 않다고 했어요.

애초에 5억 원으로 다른 동네를 갔으면 더 많이 올랐을 거란 거예요. 원래 지금 살고 있는 집과 다른 동네를 비교하다가 선택한 것이었는데, 고민하던 동네의 집값이 훨씬 더 올랐다는 거죠. 게다가 집값이 오르는 걸 보니 일해서 버는 돈이 참 가치 없게 느껴진다는 말도 덧붙였어요. 그럴 수도 있겠구나 싶더군요.

그렇다면 부동산으로 행복한 사람은 누구죠? 집값 때문에 모두가 불행해진 건가요? 진짜 아이러니한 상황이에요. 누군가는 손해를 보고 누군가는 이득을 봤는데 모두가 불행하다니요. 이런저런 생각을 하며 저도 스스로를 많이 돌아보았습니다. 그리고 마음을 바꾸려고 무척 애를 썼어요. 남과의 비교로 제가 얻을 수 있는 건 고통밖에 없었으니까요. 제가 아무리 괴로워한들 발을 딛고 사는 현실이 달라질 리는 없잖아요?

놓쳐버린 집 때문에
괴로워 미치겠다고요?

 남과 자신을 비교하는 건 삶을 참 피폐하게 만듭니다. 단순히 '쟤가 부럽다'에서 그치는 게 아니라 내 소중한 사람들까지 부족한 사람으로 만들어버리거든요. '내 꿈은 재벌 2세인데 부모님이 도무지 노력을 하지 않는다'는 우스갯소리를 다큐로 받아들이게 되면, 그땐 일상이 다 힘들어집니다.

 그래서 노력했죠. 남과 비교하지 말자고요! 그랬더니 어떤 부작용이 생겼는지 아세요? 바로 내가 놓쳐버린 과거의 기회들이 자꾸 떠올라 시도 때도 없이 괴로워졌답니다. 바보 같은 선택을 했던 과거의 내가 미치도록 싫고, 그래서 현재의 내 모습도 세상 둘도 없는 못난이처럼 여겨지는 그 기분, 아마 느껴본 분들도 있겠죠?

다른 사람을 원망할 일이 아니라는 판단까진 좋았는데, 그 원망이 과거의 나에게로 향하자 결말은 역시나 같았습니다. '내가 첫 집으로 아파트만 샀어도 좋았을 텐데', '그때 쉽게 서울을 떠나는 게 아니었는데', '하필 경기도 외곽으로 가는 게 아니었는데', '대출을 좀 받더라도 과감하게 움직였어야 하는 건데' 등 수많은 후회들이 저를 괴롭혔습니다. 미련한 짓이었죠. 그런데도 자꾸만 옛날에 했던 아쉬운 선택들이 계속 떠올랐어요.

이런 마음이 가득하면 몸도 안 좋아집니다. 저는 과거의 나에게 화살을 돌리던 이 시기에 정말 많이 울었어요. 밥을 먹다가도, 텔레비전을 보다가도, 운동을 하기 위해 공원을 걸으면서도, 책상에 앉아 일을 하면서도 눈물을 흘렸습니다. 울고 싶어서 우는 게 아니라 그냥 저절로 눈물이 흐르더라고요. '하루빨리 부동산 대폭락의 날이 와야 한다'고 빌었고 '아예 다 망해버렸으면 좋겠다'고 생각한 날도 있었습니다.

툭 하면 눈물 바람인 저를 남편은 이해하지 못했어요. 자꾸만 왜 우느냐고 물었죠. 저의 대답은 단 하나였어요.

"내가 너무 가난해진 것 같아. 이제껏 열심히 일하고 성실하게 돈을 모았는데도 내가 너무 가난하게 느껴져."

진짜 진짜 솔직한 대답이었습니다. 집을 안 산 사람을 일컫는 신조어로 '벼락거지'라는 말이 생겼다면서요? 저는 그 말이 생겨

나기 전에 이미 그 기분을 느꼈던 것 같아요. 그 정도로 열심히 산 과거의 내가 마냥 바보처럼 느껴지는 상황이 도무지 이해되지 않았습니다.

불편한 마음이 해소되지 않은 상태로 일을 했더니 공식적인 미팅 자리에서까지 눈물이 나더군요. 일로 처음 만나는 사람을 앞에 두고 꺼이꺼이 통곡을 한 적도 몇 번 있었을 정도였습니다. 그분들의 당황해하는 눈빛을 아직도 잊을 수가 없어요. 이 자리를 빌려 다시 한번 사과드립니다.

울고 나면 속이 후련해진다고 하죠? 저는 그 반대였어요. 시도 때도 없이 눈물이 나니까 사람들 만나기도 겁이 나고, 운다고 현실이 달라지는 것도 아니니 답답하기만 했어요. 대한민국에서 무주택자로 살아간다는 건, 끊임없이 자책하고 발버둥 치며 하루하루를 견뎌내는 것이란 생각이 들었습니다.

물론 과거의 제가 더 나은 선택을 했다면 집 때문에 이렇게까지 힘든 시간을 보내지는 않았을 거예요. 집값 상승의 이득을 누렸겠죠. 아마 빚 없이 서울에 위치한 브랜드 아파트에 살게 됐을지도 몰라요. 저의 자산은 제가 생각했던 것 이상으로 불어났을 테고요.

하지만 저는 그런 선택을 하지 않았잖아요. 이미 지나간 일이고 다시 되돌릴 수 없는 일이잖아요. 그걸 알면서도 미련을 떨면? 네, 나만 괴로워집니다. 과거의 후회에 발목을 잡힌 채 앞으로 나아가지 못하는 날들이 계속되면 결과적으로 현재의 행복까지 모조리 망가지는 거예요!

그래도
방법을 찾으세요

현재의 행복을 놓치고 싶지 않았던 저는 제 마음에 진정한 위로를 주는 말들을 찾았어요. 아무리 과거의 실수가 가슴 아파도 인생은 계속되니까 앞으로 나아가야죠. 그래야 현재의 행복과 미래의 희망을 만날 수 있으니까요. 저는 마침내 두 가지의 커다란 위로를 발견했습니다.

첫째 어느 지인의 조언

"어떻게 투자를 일상처럼 해요? 내 할 일을 즐겁게 열심히 하다가 50대에 한 번, 60대에 한 번씩만 성공해도 훌륭한 거예요!"

이 말을 듣고 머릿속에 불이 번쩍 하고 들어왔어요. 100세 시대라면서요? 지금 태어나는 아이들은 150세까지도 산다면서요?

그런데 왜 우리는 단거리 마라톤을 하듯 재테크를 생각할까요? 그러지 않아도 괜찮아요. 이분의 말처럼 50~60대가 되어서 투자에 성공해도 결코 늦지 않아요. '내가 너무 늦지 않았다'는 생각을 하자, 그것만으로도 스스로를 다독일 수 있었습니다.

그리고 이른 나이에 하는 성공이 꼭 좋은 것만도 아니에요. 20~30대에 평생 쓸 돈 다 벌어두면 남은 인생이 마냥 행복할까요? 글로벌 외식 그룹인 스노우폭스그룹SNOWFOX GROUP의 김승호 회장이 쓴 《돈의 속성》(스노우폭스북스, 2020)이란 책을 보니, 돈을 지키는 것도 능력이라고 하더라고요. 그리고 그 능력을 키우기 위해서는 중년에 성공하는 게 가장 적당하다는 메시지도 있었어요. 다양한 경험, 사람을 볼 줄 아는 혜안, 위험 요소를 따질 수 있는 지혜 등을 얻으려면 시간이 필요하니까요. 운 좋게 얻은 걸 경험 부족으로 다 잃는 것보다 지혜롭게 선택하고 그걸 끝까지 지킬 수 있는 '뭘 좀 아는 나이'에 하는 성공이 더 값질 수도 있잖아요. 저는 이 생각 덕분에 큰 위로를 받을 수 있었습니다.

둘째 스누피의 조언

미국 만화 〈피너츠〉의 주인공 찰리 브라운의 강아지, 스누피. 이 강아지가 남긴 명언 중에 제 마음에 쏙 박히는 말이 있었어요.

"갖지 못한 것들은 내버려두고 갖고 있는 것들에 집중하는 거야. 나를 슬프게 하는 건 내가 갖지 못한 것들이지만 나를 웃게 하는 건 내가 갖고 있는 것들이니까."

이만한 명언이 또 있을까요? 불행해지는 건 세상에서 제일 쉽습니다. 내가 갖지 못한 것들을 욕망하면 돼요. 그리고 남들이 가진 것에 관심을 가지면 됩니다. 욕망의 크기가 곧 불행의 크기인 셈이거든요.

저는 스누피의 메시지를 만나고 나서야 제가 가진 것들을 그동안 얼마나 소홀히 대해왔는지 깨달을 수 있었어요. 이 깨달음이 지난날 욕심에 흐려졌던 제 시야를 청명한 가을 하늘처럼 싹 닦아주었다고 생각해요. 스누피의 이 메시지가 너무 좋아서 저의 또 다른 저서에서도 이야기한 바 있을 정도죠.

스누피가 준 깨달음 덕분에 저는 교통이 조금이나마 더 편한 곳으로 이사를 했고, 쓰지 않는 물건은 나눠주거나 팔았으며, 즐겁지 않은 일은 줄이거나 일하는 방식을 바꾸기도 했어요. 유기묘를 입양해 새로운 식구도 들였고요.

이 모든 변화는 제가 가진 것들로 충분히 가능한 변화였습니다. 불행을 느껴봐야 행복이 어떻게 생겼는지 더 잘 알 수 있잖아요. 방황의 시간 동안 불행을 느껴봤기에 제 행복을 더욱 잘 발견할 수 있었는지도 모르겠습니다.

그래서 지금은 제 마음이 어떠냐고요? 저는 10~20년 후의 내가 후회하지 않을 시간을 보내려고 이제까지 해왔던 대로 즐겁게 일하고 있어요. 그렇게 번 돈을 모아서 50~60대에 성공적인 투자를 해보려고요.

《즐겁지 않으면 인생이 아니다》(글담, 2014)라는 책이 있습니다. 제목만으로도 메시지가 명확한 이 책은 린 마틴과 팀 마틴 부부가 썼는데요. 이 부부는 린이 70살이 되던 해인 2010년, 세간살이를 정리하고 세계 여행을 결정합니다. 위험하지만 흥미진진한, 나이와 상관없이 지금 즐겁게 살 수 있는 길을 선택한 것입니다. 마틴 부부처럼 지금 내가 나에게 해줄 수 있는 것은 무엇일까요? 답은 이미 여러분의 마음속에 있습니다!

이경자의 Q&A

#후회 #행복 #셀프위로

Q4.
집과 관련해서 후회되는 것은 무엇인가요?

'내 집'의 필요성을 중요하게 여기지 않고 살아온 것. 부모님의 간섭이 싫다고 생각하면서도 본가를 떠날 생각은 못 했다. 취업하고 돈을 번 순간부터 독립을 꿈꿨다면 더 열심히 저축했을 텐데 너무 익숙한 삶에 빠져 있었다.

Q5.
이미 내가 가진 소중한 행복은 무엇인가요?

적지만 매달 받는 월급
나의 도전을 응원해주는 친구
본가에서 키우는 강아지
이제껏 모은 통장 잔고 5천만 원
홈트를 위해 장만한 7장의 레깅스
언제든 여행할 수 있는 체력

Q6.
억울함, 불안, 서러움 등 집 문제 때문에 아픈 내 마음을 토닥여주세요.

어릴 때 부모님이 집주인으로부터 구박받는 장면을 본 적이 있다. 자세한 내용까진 모르겠지만 집주인이 고래고래 소리를 지르고, 고개를 숙인 채 사과를 하던 부모님의 슬픈 표정이 아직도 생생하다. 부모님이 자가를 마련한 건 그 후로도 한참 후였는데, 내가 독립을 원하면서도 미루는 건 어쩌면 전월세가 두려워진 그때의 기억 때문이 아닌가 싶다.

Q4.
집과 관련해서 후회되는 것은 무엇인가요?

Q5.
이미 내가 가진 소중한 행복은 무엇인가요?

Q6.
억울함, 불안, 서러움 등 집 문제 때문에 아픈 내 마음을 토닥여주세요.

셋째

전문가, 부모님,
주변의 말…
무엇이 나를
흔들리게 하나요?

얼마 전, 한 매체와 인터뷰를 하며 이런 질문을 받은 적이 있습니다.
"작가님이 재테크를 시작했을 때는 정보도 많이 없었을 텐데, 돈을 관리하는 게 어렵진 않으셨나요?"
이 질문을 듣고 곰곰이 생각해봤어요. 요즘은 돈 관리와 관련해서 정보가 넘칠 정도로 많아요. 제가 본격적으로 돈을 모으기 시작했던 2002년에는 진짜 뭐가 없었죠. 기껏해야 서점에서 재테크 책을 보는 게 제가 접할 수 있는 정보의 대부분이었어요. 과연 저는 이 빈약한 정보 때문에 정말 돈 관리가 어려웠을까요?
아니요, 전혀 그렇지 않습니다. 오히려 정보가 부족해서 돈 관리가 훨씬 쉬웠어요. 특히 집을 사는 과정에서 더욱 과감하게 움직일 수 있었습니다. 그 이유가 궁금하죠? 지금부터 하나씩 말씀드릴게요.

정보가 많으면
재테크를 더 잘할 수 있을까요?

정보가 부족하면 비교 대상이 사라집니다. 그래서 자신의 페이스에 맞게 절약하고 저축할 수 있어요. 저는 7년을 꼬박 저축해 1억 원을 모았어요. 요즘은 '월 1천만 원 수입 만드는 비법'이 유행처럼 나돌고 있죠? 만약 제가 월 1천만 원 수입이 중요하다는 재테크 정보를 자주 들었다면, 아마 7년 동안 1억 원을 모으기는 힘들었을 거예요. 제가 모으는 돈이 얼마나 초라해 보였겠어요. 하지만 저는 주변 사람들이 얼마를 벌고 얼마를 저축하는지 잘 알지 못했습니다. 그저 제 수입 안에서 꾸준히 저금하기 위해 은행을 오갔을 뿐이었죠.

집을 사는 과정도 똑같았습니다. 제가 29살에 서울 동작구 사당동의 오래된 반지하 빌라를 살 수 있었던 이유는 역시 비교 대상이 없었기 때문이에요. 당시는 요즘처럼 TV에 으리으리한 연예인들의 집이 노출되는 사례가 적었거든요. SNS도 덜 발달했던 터라 다른 사람들이 어떤 집에서 어떤 인테리어를 하고 사는지도 전혀 알 수 없었어요. 그래서 저는 가진 돈 안에서 제가 만족할 수 있는 기준에 따라 집을 선택할 수 있었습니다.

제가 말씀드렸죠. 불행은 비교에서 비롯된다고요. 우리는 요즘 '정보'라는 이름으로 '남들의 불필요한 사생활'을 너무 쉽게 접합니다. 그러한 정보가 나에게 도움이 되던가요? 전 아니라고 생각해요. 남은 남이고, 나는 나니까요.

내 돈을 관리하는 과정에서 필요한 건 다양한 돈 관리 정보, 특히 다른 사람들의 돈 관리 사례들이 아닙니다. 그보다 우선해야 할 건 나의 목표와 계획입니다. 그 목표와 계획은 아무런 재테크 정보가 없어도 얼마든지 만들 수 있어요.

우리 같은 평범한 사람들에게는 집을 사는 것이 인생에서 커다란 사건이에요. 대출에 대한 두려움도 크죠, 앞으로 집값이 어떻게 될까 불안하죠, 주변 사람들의 조언은 헷갈리기만 하죠. 이러한 여러 골치 아픈 요소들을 바탕으로 최선의 결정을 내려야 하는 게 바로 내 집 마련이에요.

이 기나긴 과정에서 우리는 항상 이성적이고 현명한 판단을 내릴 수 있을까요? 아뇨. 굉장히 감정적인 결정을 내릴 수밖에 없어요. 완벽히 아는 것도 아니면서 여기저기서 주워들은 것만 많은 선무당 그 자체거든요. 그러니 나의 목표와 계획이 더더욱 중요합니다. 최선의 선택을 위해서요.

저는 서른이 되기 전에 1억 원을 모아 내 집을 사겠다는 목표를 세웠습니다. 그 목표는 수입과 저축의 속도에 따른 계획이었어요. 특별한 재테크 정보 없이도 얼마든지 실천할 수 있었고요. 그리하여 저는 계획에 따라 29살에 마침내 내 집 마련이라는 목표를 달성했습니다.

요즘 방송이나 책에서는 내 집 마련을 '나의 주거 공간'이라고 하지 않고 '부동산으로 얼마 벌었다'는 식으로 표현하는 일이 대부분이죠. 하지만 제가 실제로 집을 사보니, 실거주 목적의 집은 그런 드라마틱한 스토리를 가지고 있지 않았습니다. 그저 나의 목표와 계획에 따른 실행이 전부였어요.

그래서 내 집 마련을 위한 목표와 계획을 설정할 땐 SNS나 방송에 나오는 인테리어 예쁜 집들, 사기만 하면 값이 오르는 집들을 생각하지 않았으면 좋겠어요. 그런 집은 판타지예요. 연출된 장면이고, 나와 상관없는 이야기죠. 특히 드라마 세트장 같은 감성 충만한 인테리어는 집부터 마련하고 생각해도 충분합니다.

다시 한번 말씀드리지만 우리가 목표로 삼는 집은 실거주 목적의 공간이에요. 우리가 이제껏 살아온 집만 해도 실거주 목적의 공간 아니었나요? 부모님이 마련한 것과 비슷한 곳을 마련하는 게 바로 내 집 장만이에요.

그렇다면 멀리서 정보를 찾을 게 아니라 부모님을 인터뷰해도 되겠죠. 내 생활과 맞닿아 있는, 팔딱팔딱 살아 숨 쉬는 정보일 테니까요. 우리의 내 집 마련은 저 멀리 있어 존재 유무를 확인조차 할 수 없는 판타지가 아닙니다. 그러니 굳이 애써서 정보를 찾으려 노력하지 마세요. 모든 해답은 내 생활에 있습니다.

내 집 마련 수기에
현혹되지 마세요

'나는 ○○ 해서 내 집 마련했다' 이런 식의 성공 수기를 읽어본 적이 있나요? 혹은 그런 영상을 본 적은요? 뭘 잘 모르던 시절의 저는 그런 이야기에 집중했던 적도 있지만, 뭘 좀 아는 나이가 된 지금의 저는 성공 수기를 의도적으로 멀리합니다. 아니 더 솔직히 말하자면, 그 말을 온전히 믿지 않습니다.

여러분, 부동산으로 부자가 된 사람들이 책을 쓰고 강연을 하는 이유에 대해 생각해본 적이 있나요? 만약 제가 부동산으로 큰돈을 벌어 부자가 되었다면, 저는 굳이 힘들게 책을 쓰고 전국을 다니며 강연하지는 않을 것 같아요. 수많은 사람을 만나면서 상담해주지도 않을 것 같고요. 부동산 투자로 부자가 되었다면서 왜 힘들게 집필과 강연과 상담 등의 '노동'을 하겠어요. 같은 시간을 들이면 나의 전문 분야에서 훨씬 더 많은 돈을 벌 수 있는데 말이에요.

젊은 부자로 유명한 엠제이 드마코도 저서 《부의 추월차선》(토트출판사, 2013)에서 이런 점을 지적합니다. 많은 사람에게 ˚뮤추얼 펀드, ˚정액분할투자, 퇴직연금제도를 이용하라고 조언하는 전문가가 사실은 채권으로 돈을 벌었다고요. 남들에겐 주식 투자를 하라고 말하는 그 전문가는 고작 재산의 4%만 주식 투자를 한대요. 그 이유가 뭔지 아세요? 그 정도 재산은 잃어도 상관없기 때문이랍니다. 그러면 다른 사람에게 주식 투자를 하라는 말은 왜 하는 건가요?

● **뮤추얼 펀드** mutual fund
유가증권 투자를 목적으로 설립된 주식회사 형태의 법인회사

● **정액분할투자** dollar cost averaging
매입원가 평균법. 목표로 하는 주식을 일정 기간으로 나누어 꾸준하게 매입함으로써 매입 평균 단가를 낮추는 투자 방법

세계적인 베스트셀러 《부자 아빠 가난한 아빠》(민음인, 2018)를 쓴 로버트 기요사키는 또 어떤가요? 그는 부동산 투자만이 살길이라고 주장했지만 그의 재산 대부분은 책 인세에서 발생했다고 보는 시각이 많습니다. 그가 손댄 부동산 투자가 성공적인 결말만 맺지는 않았거든요.

물론 모든 사람이 다 그런 건 아니겠지만, 자신의 성공 수기를 내세운 사람들의 주 수입원은 인세와 강연료, 상담비라고 생각됩니다. 지금도 승승장구하는 투자자라면 가장 큰 수익을 안겨

줄 부동산 투자를 하고 있어야죠. 그게 자기 주력 무대잖아요.

하지만 부동산으로 성공했다는 사람들은 더 이상 부동산으로 돈을 버는 것처럼 보이지 않습니다. 적어도 저는 그렇게 보여요. 부동산 분야에서 이름이 알려진 1세대 스타 강사 중에는 실형 선고를 받은 이들도 종종 있어요. 자신에게 문의하는 사람들로부터 돈을 받고 뇌피셜 정보를 주고는 큰 손해를 끼친 경우였죠.

여러분, 나의 집은 내가 마련해야지 생판 모르는 남이 알려주는 정보로 얻는 게 아닙니다. 입장 바꿔 생각해보세요. 여러분이라면 '사기만 하면 대박이 나는 부동산'을 생전 처음 만난 사람에게 전부 알려줄 수 있나요? 내 집 마련 성공 수기를 읽고 곧이곧대로 따라 하거나 그 말을 한 사람을 무턱대고 추종하지 마세요. 그 정보가 진짜인지 아닌지 스스로 검증해보는 시간이 꼭 필요합니다.

세계적인 투자가 짐 로저스는 이런 말을 했어요.

"돈을 잃고 싶으면 군중심리에 휩쓸리면 된다."

짐 로저스도 과거 군중심리에 휩쓸려 돈을 잃었던 적이 있다고 하더군요. 이후 그는 남들이 행한 것과 정반대로 결정하고 행동했을 때마다 시장에서 큰 이득을 남겼다고 해요. 이것만 봐도 세상에서 절대적으로 확실한 건 아무것도 없다는 걸 알 수 있어요. 그러니 남들이 확실하다고 말하는 것도 확실하지 않을 수 있다는 생각을 해야 해요. 내 재산을 허무하게 잃고 싶지 않다면요.

설령 전문가란 사람의 이야기가 진짜라고 해도 문제입니다. 그 사람이 성공한 몇 년 전의 방법이 지금은 들어맞지 않을 가능성이 높거든요. 최근만 하더라도 부동산 관련 법이 얼마나 많이 바뀌었나요? 부동산 시장은 시시각각 변합니다. 부동산 성공 수기를 읽을 시간에, 새로 바뀐 부동산 정책을 살펴보는 게 훨씬 더 생산적이에요.

남들의 성공 이야기에 더 이상 빠져들지 마세요. 스스로 자기 계획을 정비하고 목표에 집중하는 게 훨씬 더 빠른 성공 비결이니까요.

내 집 마련은
다이어트와 같습니다

 원푸드 다이어트, 저탄고지 다이어트, 간헐적 단식 등 세상에는 무수히 많은 다이어트 방법들이 널려 있습니다. 하나하나 이야기를 들어보면 다 그럴듯해요. 실제로 그 방법을 실천했다가 성공한 사람도 있고요. 하지만 그 다이어트 방법들이 나에게도 딱 맞을 거란 보장은 없어요. 누군가에겐 저탄고지 다이어트가 적합하지만, 또 누군가에겐 아무 효과가 없거나 혹은 심각한 건강 악화를 불러올 수 있습니다. 왜? 우리 몸은 저마다 체질이 다르니까요.

 저는 재테크, 내 집 마련도 똑같다고 생각해요. 저마다 처한 상황이 다르고 돈에 대한 마음가짐이 달라서 '무조건 이 방법대로 하면 성공한다'는 만병통치약이 존재할 수 없는 거죠. 똑같이 월급 200만 원을 받아도 누구는 부모님과 함께 사는 덕분에 100만 원씩 저금할 수 있어요. 반면 독립한 누군가는 월세를 내느라 50만 원도 간신히 저금하는 상황일 수 있고요.

저만 해도 1억 원을 7년 동안 모았지만, 《나는 남자보다 적금통장이 좋다》(위즈덤하우스, 2004)를 쓴 강서재 작가는 2년 9개월 만에도 모았더라고요. 졸라맬 수 있는 허리띠의 범위는 사람마다 천차만별입니다. 그만큼 돈 관리라는 건 절대적인 기준과 원칙을 세울 수 없는 분야라고 생각합니다.

이런 점에서 드리는 말씀! 내 집 마련을 결심하신 여러분, 이제는 무차별적으로 쏟아지는 정보와 부동산 성공 수기에 그만 귀를 닫고 자신에게 가장 적합한 방법을 찾아 나서세요.

흔히 비정규직에 수입도 불규칙하면 돈 관리가 어렵다고 생각하죠? 이런 사람은 대출받기도 어려워 내 집 마련은 엄두도 못 낸다고요. 그렇지 않습니다. 다 나에게 맞는 방법이 있어요. 실제로 비정규직 방송 작가인 김정희 씨는 저서 《집 사고 싶지? 따라 해 봐!》(이다미디어, 2008)를 통해 자신의 상황이 남들보다 불안정하기 때문에 내 집 마련에 더욱 노력할 수밖에 없었다고 말합니다. 누군가에겐 불리한 조건이 누군가에겐 실행을 위한 결핍이 될 수 있는 거예요.

저는 첫 집으로 오래된 반지하 빌라를 선택했습니다. 빌라는

값이 안 오른다는 둥 반지하는 삶의 질을 떨어뜨린다는 둥 갖가지 조언이 따라오던 집이었죠. 하지만 제가 가진 예산 안에서 살 수 있다는 점과 도보 5분 역세권(7호선 남성역)의 위치가 마음에 들었습니다. 집 주소상으로는 반지하였지만 실제 건물 구조상으론 1층이었다는 것도 좋았고요.

이처럼 내 집을 마련하는 데는 저마다의 방법과 기준이 다릅니다. 그러니 여러분도 내 집 마련에 필요한 정보를 무턱대고 수집부터 할 게 아니라 여러분만의 확실한 기준을 찾아야 해요.

다이어트에 실패하는 이유가 다이어트 정보 부족이 아닌 것처럼 내 집 마련이 힘든 이유도 정보 부족 때문이 아닙니다. 저금하는 방법을 몰라서 돈을 못 모으는 게 아니잖아요. 일단 내가 만족할 만한 종잣돈을 만들 때까지는 우직하게 나아갈 수 있도록 나에게 꼭 맞는 최적의 방법을 찾는 데 주력하세요. 내가 최소한의 생활비로 살 수 있는 사람인지, 장기전에 적합한 사람인지, 내가 원하는 집은 무엇인지를 가장 잘 아는 사람은 바로 나 자신이니까요.

우리와 아주 멀리 계신 존 리 대표는 자신의 책 《존리의 부자 되기 습관》(지식노마드, 2020)을 통해 주식 시장에서 개인 투자가가 실패하는 이유는 '과잉 정보' 때문이라고 말한 바 있습니다. 개미들은 고급 정보를 알기 어려워 실패할 수밖에 없다고 생각하지만, 오히려 넘쳐나는 정보에 과잉 반응하기 때문에 투자에 실패한다는 것입니다. 특히 단기성 정보들이 장기 투자를 방해하는 경우가 많다고 했죠. 주식 투자는 정보의 싸움이 아니라 참을성과 철학의 싸움이라는 말도 덧붙였습니다.

이 조언은 내 집 마련에도 통한다는 생각이 들어요. 내 집 마련은 생각보다 장기전입니다. 그 과정에서 필요한 건 인내심과 나만의 철학이에요. 자꾸만 남들의 성공 이야기를 들으며 이리저리 흔들리지 마세요.

#반응 #재테크스타일 #다짐

Q7.
나는 재테크 정보 중 어떤 이야기에 유독 반응하나요?

내 집 마련
종잣돈 모으기
짠순이 재테크
몸값 올리기
일테크

Q8.
나의 재테크 스타일은 어떤가요?

느리지만 꾸준히 저금하는 거북이 스타일. 그러나 필 꽂히면 가끔 전력질주도 한다. 새로운 방법보단 지금 하고 있는 적금이라도 끝맺음을 보고 싶다.

Q9.
주변의 말, 너무 많은 정보에 휘둘리지 않기 위한 다짐 한마디를 적어보세요.

일확천금은 없다!
내가 가장 믿을 만한 정보다!
남은 남이고 나는 나다!
인생은 개쌍마이웨이!

당신의 Q&A

Q7.
나는 재테크 정보 중 어떤 이야기에 유독 반응하나요?

Q8.
나의 재테크 스타일은 어떤가요?

Q9.
주변의 말, 너무 많은 정보에 휘둘리지 않기 위한 다짐 한마디를 적어보세요.

넷째

내가 원하는
집의 콘셉트는
무엇인가요?

'규제, 세금 폭탄도 못 말려 강남 초고가 아파트 연일 신고가'
'임대차법 후폭풍, 전월세값 폭등'
'대출 조여도 똘똘한 한 채 수요 계속'
'월세, 너마저… 주거비 부담에 서민들 허리 휜다'
'대치동 은마, 거래 절벽에도 또 1.3억 올라 역대 최고가'
'지난달 전셋값 5년 5개월 만에 최대폭 상승'

이 글을 쓰던 당시 포털사이트 메인을 잠깐 보고 발견한 부동산 뉴스의 제목들입니다. 제목만 봤는데도 마음이 불편해집니다. 몇 년 전만 해도 5~6억 원이면 살 수 있었던 집이 '열심히 돈 모아서 사야지' 마음먹은 몇 년 사이 10억 원을 훌쩍 넘겼습니다. 이 집값, 실화인가요? 우리는 죽기 전에 과연 내 집을 장만할 수 있을까요?

조선시대에도 제일 비싼 게 집이었습니다

얼마 전, 20년도 더 전에 방영되었던 MBC 드라마 〈전원일기〉의 재방송을 보다 깜짝 놀랐습니다. 극중 부모님 역할을 했던 최불암, 김혜자 배우의 대사 때문입니다.

최불암 수남이(취업에 실패한 둘째 손자)는?
김혜자 뭐, 요즘 경제도 어렵고 취업도 힘들죠.

아니, 경제는 지금이 제일 어려운 거 아닌가요? 이 대사 뭐죠?
 사실 우리는 수십 년 전에도 경제가 어렵고 취업이 힘들다고 말했습니다. 다시 말해 우리가 기억하는 나름 저렴한 집값인 5~6억 원도 그때는 너무 비싸다는 평가를 받았다는 뜻입니다.

우린 단 한 번도 살기 좋다고 말한 적이 없었어요. 더 과거로 거슬러 가볼까요?

"지금 집값이 비싸다고 하시는데요. 집은 과거에도 비쌌습니다. 조선시대에도 제일 비싼 게 바로 집이었어요."

한 부동산 전문가의 말입니다. 맞습니다. 돌이켜보면 우리는 늘 집이 비싸다고 느껴왔습니다. 그게 사실이기도 했고요. 그러니 생각을 바꿔야 합니다. '집이 비싸서 살 수 없다'에서 '집은 늘 비싸니까 그냥 인정하고 내가 살 수 있는 집을 사자'로요.

내가 비싸다고 놀라는 고가의 집을 누군가는 삽니다. 심지어 나와 형편이 비슷하다고 생각했던 또래 친구들도 결혼하고 자녀를 낳으면서 그런 비싼 집에 들어갑니다. 갑자기 소득이 늘어서일까요? 아니죠. 집은 원래 비싸다는 사실을 인정하고, 내가 감당할 수 있는 수준의 집을 장만하는 겁니다. 그 이유가 무엇일까요? 당연한 대답이지만, 집은 결국 필요하니까요.

여기서 말하는 집은 단순한 거주를 목적으로 한 집이 아닙니다. 여러분도 코로나19로 인한 팬데믹 상황을 겪으면서 집에 대한 생각이 많이 바뀌었으리라 생각해요. 예전에는 집을 잠만 자는 공간이라고 해도 무방할 정도로 밖에서 생활하는 시간이 길었습니다. 일찍 출근하고 늦게 퇴근하면서 집은 말 그대로 잠만 자는, 단지 '수면'을 위한 공간이었죠.

하지만 이젠 아닙니다. 재택근무를 하는 직장이 점점 늘면서 집에서 잠도 자고, 일도 하고, 취미 생활도 해야 합니다. 원격 수업을 하는 학생에게는 집이 곧 학교이기도 하고요. 집이 넓어야 한다는 게 아닙니다. 이제 집이란 나에게 꼭 맞는 공간으로 재구성되어야 한다는 뜻입니다.

그렇기에 내 소유의 집이 더욱 중요해졌어요. 내 라이프스타일에 맞게끔 공간을 구성해야 하니까요. 기껏 시간과 돈을 들여 나에게 맞는 공간으로 집을 만들어두었는데 계약 만료, 주거비 상승 부담, 집주인과의 갈등 등 타의에 의한 이유로 자주 이사를 다녀야 한다면 생활의 근간이 계속 흔들리지 않을까요? 우리에겐 내가 충분히 안전하다고 느낄 만한 집이 절실히 필요합니다.

김하나, 황선우 작가의 책《여자 둘이 살고 있습니다》(위즈덤하우스, 2019)를 보면 두 작가는 결혼을 하지 않기로 결심한 후 둘이서 함께 감당 가능한 대출을 일으켜 공동 소유의 서울 집을 마련했습니다. 그곳에서 고양이들과 행복하게 살고 있죠. 온전한 주거의 안정을 누리며 말이에요.

여러분, 계속 집값이 미쳤다는 말을 반복하며 발만 동동 구르실래요? 아니면 원래 집값은 비싸다는 현실을 받아들이고, 현실적인 내 집 마련을 위한 설계에 들어가실래요? 생각을 조금만 바꾸면 답은 보일 거예요.

가성비 좋은 집,
들어보았나요?

'가성비'라는 말이 유행한 지도 이미 한참이 지났습니다. '가격 대비 성능'이 좋은 제품을 찾는 실속파에게 환영받는 말이었는데, 사실 가성비가 좋다는 제품치고 진짜 괜찮은 물건을 찾기가 쉽진 않죠.

그런데 집이라는 제품에도 가성비라는 말이 적용될까요? 집을 거래할 때 '가성비 좋은 집'이란 말을 들어보았나요? 사실 가성비와 집은 쉽게 매칭되는 개념은 아닙니다. 왜냐하면 싸고 좋은 집은 없기 때문입니다.

앞으로 일어날 호재가 아직 제대로 반영되지 않아 저평가된 집은 있어도(그런 경우도 흔하진 않지만) 누가 봐도 좋은 집이 저렴한 일은 거의 없습니다. 만약 어떤 집이 터무니없이 싸다면 그건 나에게 행운이 온 게 아니라 문제 있는 집에 속고 있을 확률이 큽니다. 겉으로 볼 땐 모르지만 살아봐야 아는 하자가 숨어 있을 수도 있고, 법적인 문제가 얽혀 골치 아픈 집일 수도 있어요.

예전에 어느 아파트를 비교적 저렴한 가격에 구입한 사람이 있었어요. 죽은 남편이 남긴 아파트에서 살 자신이 없다며 아내가 급매로 내놓은 집이었죠. 그런데 얼마 후, 그 집의 진짜 소유자가 나타나 집을 내놓으라고 했습니다. 알고 보니 아내가 남편을 죽인 것이었고, 이런 경우 법적으로 아내는 남편의 재산을 받을 수 없거든요. 죽은 남편의 재산은 남편의 조카 것이 되었습니다. 법원은 해당 아파트가 죽은 남자의 조카 것이니 그 집을 산 사람이 조카에게 아파트를 넘겨주어야 한다고 판결했어요. 정말 미치고 팔짝 뛸 노릇이죠.

솔직히 부동산 애송이인 내 눈에 가성비 좋은 집이 쉽게 나타날까요? 아니요. 그냥 그런 건 아예 없다고 생각하는 편이 더 나아요.

물론 집은 사람마다 원하는 기준이 다르기에 절대적으로 좋은 집, 무조건 나쁜 집을 구분하기는 어렵습니다. 하지만 교통이 편리하고 주위에 편의시설이 많으면서 깨끗한 신축을 보편적으로 좋은 집이라고 말합니다. 이런 집들 중 가성비가 좋은 곳이 있던가요? 과하게 비싸다고 여겨질 만큼 미래의 호재까지 가격이 미리 반영된 경우는 있어도 그 반대 경우는 거의 없습니다. 그래서 겉으로 볼 때 무척 낡은 집인데도 이해가 안 갈 정도로 비싼 집도 있잖아요. 부동산 뉴스에 빠지지 않고 등장하는 강남의 오래된 아파트들이 그렇죠. 재건축만 됐다 하면 날개를 달 집 말입니다.

집을 살 때 가성비를 따지지 말라고 조언하는 제가 바로 첫 집을 가성비 좇아 샀다가 좋지 못한 결말을 맞이한 케이스입니다. 당시 전 빚을 내기가 겁나서 무조건 수중에 있는 예산으로만 집을 사려고 했어요. 하지만 가진 돈 1억 원으로 살 수 있는 집은 거의 없었죠. 그래서 아주 오래된 반지하 빌라를 샀습니다. 결과는 어땠을까요? 한마디로 힘겨웠어요. 주차도 불편했죠, 지나다니는 사람과 눈이 마주칠까 봐 환기도 제대로 못 했죠, 집 앞에 쓰레기 무단 투기도 종종 있었습니다(쓰레기 무단 투기범을 잠복근무 끝에 잡은 적도 있었어요).

여러분, 싼 집은 다 이유가 있습니다. 제가 샀던 저렴한 반지하 빌라는 당연하게도 딱 제 값어치를 했습니다. 전철역 도보 5분, 반지하지만 1층에 위치한 장점 때문에 결정한 집이었으나 살아본 후에야 발견할 수 있는 단점이 있었던 겁니다.

내가 부동산을 보는 눈이 아주 탁월한 게 아니라면, 집을 거래할 때 가성비를 우선해서 따지지는 마세요. 좋은 집은 비싸고,

싼 집은 다 그럴 만한 사정이 있습니다. 앞서 '집값은 원래 비싸다는 걸 인정하라'는 말씀을 드렸잖아요. 거기에 더해 '싸고 좋은 집은 없다'는 조언도 꼭 기억해주세요.

그렇다면 우리는 도대체 어떤 집을 사야 할까요? 내가 가진 돈은 턱없이 부족하지만 그래도 너무 이상한 집을 사고 싶지는 않을 때, 우리는 어떤 선택을 해야 할까요?

> **체크리스트** 너무 싸다 싶을 때 확인하자!
>
> - 이웃 때문에 괴로운 상황은 아닌지 살펴보기(층간 소음 등)
> - 수압, 채광, 단열 등 기본적인 사항에 문제 없나 살펴보기
> - 낮, 밤 시간에 모두 방문하기(낮엔 조용하다가도 밤이 되면 많은 술집이 문을 열어 시끄러워지는 등의 주위 환경 변화 체크)
> - 법적으로 문제가 없는 집인지 더블 체크하기
> - 앞서 이사를 나가는 사람의 스토리 물어보기(물론 거짓말을 할 수도 있음)
> - 낮 시간 동안 공사 소음이 있는지, 공항이 가까워 비행기 소음은 없는지 알아보기
> - 집에서 안 좋은 일(범죄 등)이 벌어진 적 없는지 알아보기

내 집의 가장 유능한 기획자는 바로 나 자신입니다

예산이 부족하다고 해서 가격에만 맞춰 집을 찾지 마세요. 내 적성은 고려하지 않은 채 점수에 맞춰 대학에 입학했다가 결국 재수를 하거나 전과를 하는 경우처럼, 다시 처음부터 시작해야 할지도 모르니까요.

무엇보다 내가 원하는 집의 모습을 아주 구체적으로 그려야 합니다. 제가 반지하 빌라 구매에 실패했던 이유도 바로 원하는 집을 전혀 기획하지 않아서였어요.

《혼자 사는데 돈이라도 있어야지》(가나출판사, 2021)를 쓴 윤경희 저자는 예산이 굉장히 부족한 상황에서도 자신이 원하는 집의 콘셉트를 꽤 명확히 정리했습니다. 그녀가 찾는 집의 기획은 딱 세 가지로 정리됩니다.

- 가용 예산(현재 자산 + 감당 가능한 대출)
- 내가 좋아하는 동네
- 내가 원하는 주거 형태(주택, 빌라, 원룸, 아파트 등)

윤경희 저자는 4년 동안 원룸에서 살다가 '전세/쾌적한 동네/원룸 아닌 집'의 콘셉트를 정하고 '전세/평창동/(혼자 한 층을 다 쓰는) 상가 건물의 3층'에서 2년을 살았습니다. 그리고 그다음 집으로 '전세 또는 자가/평창동/아파트'의 콘셉트에 따라 평창동의 한 아파트 전셋집에서 2년을 더 지냈습니다. 그러다 독립 10년 만에 '자가/평창동/30평대 아파트'의 콘셉트를 정하고 결국엔 목표를 달성했어요.

저는 예산만 고려했을 뿐, 어느 동네에 어떤 주거 형태를 원하는지 정하지도 않은 상태에서 반지하 빌라를 샀습니다. 그러니 예상치 못한 약점을 견디기가 힘들었던 거죠.

반면 저와 마찬가지로 첫 집으로 빌라를 선택했던 강병진 작가는 자신이 원하는 집에 대해 명확히 기획한 후 매매를 한 경우였어요. 그는 자신의 책 《생애최초주택구입 표류기》(북라이프, 2020)를 통해 은평구 구산동에 빌라를 구입한 이유를 자세히 들려주었습니다. 그에게는 '가용 예산/좋아하는 동네인 구산동/주차장이 불편하지 않고 엘리베이터가 있으며 역과 가까운 신축 빌라'라는 명확한 콘셉트가 있었죠. 마음에 드는 집을 고른 후에는 집값을 협상하며 1천만 원을 깎았는데, 그 기술이 아주 자연스럽더라고요(원하는 집에 대한 콘셉트도 없었던 저는 집값 한 푼 깎지 못한 호구였답니다).

이렇게 자기 집을 구체적으로 기획하고 그에 맞는 집을 찾고자 발 벗고 나섰던 사람들은 반드시 목표를 달성했고, 그 집에서 편안한 삶을 누렸습니다. 하지만 모두가 다 집에 대한 기획을 처음부터 쉽게 할 수는 없을 거예요. 여러분도 아직 집 기획이 어렵게만 느껴지겠죠.

그렇다면 저처럼 집을 산 다양한 이야기들을 책을 통해 보거나 인터넷 블로그, 개인 칼럼들을 찾아보세요. 물론 여기서도 중요한 건, 그들이 어떤 방식으로 자기 집을 기획했는지 그 과정을 보는 거예요. 그 사람들이 기획한 내용을 따라 하는 게 아니고요.

조금 더 쉽게 내 집 기획의 감을 얻을 수 있는 방법도 있어요. 의뢰인의 조건에 맞는 집을 찾아주는 MBC 예능 〈구해줘! 홈즈〉를 참고하는 겁니다. 이 프로그램은 집 구매 또는 전월세 거래를 원하는 의뢰인에게 알맞은 매물을 찾아주는데요. 프로그램에 나온 의뢰인들은 자기가 찾고 싶은 집이 무엇인지 명확한 조건을 정해놓고 나옵니다. 그 조건은 대부분 3가지 정도로 정리되더라고요.

조건1 집에서 직장까지의 거리

의뢰인들은 대부분 집에서 직장까지 1시간 이내로 이동할 수 있기를 원함. 이 조건에 따라 패널들이 집을 구하는 동네(지리적 위치)가 결정되었으며, 매물 주변의 교통 정보를 중점적으로 설명함.

조건2 집의 제1목적

집을 어떤 목적으로 사용하느냐도 중요한 조건. 은퇴 후 전원생활을 하려는 의뢰인에겐 도심이 아닌 외곽 지역의 독채를, 집에서 작업에 몰두해야 하는 프리랜서 의뢰인에겐 도심은 아니나 편의시설이 근거리에 위치하며 배달 음식을 시키기 용이한 곳을, 아이를 키우는 맞벌이 부부 의뢰인에겐 아이의 학교가 위치한 동네이면서 직장과도 가까운 곳을 추천함. 라이프스타일에 따라 가장 우선시되는 집의 목적을 중점으로 주거 형태가 결정되었음.

조건3 마련할 수 있는 예산

현재 가진 자산으로 구할 수 있는 집이 최우선이지만, 앞선 조건 1과 2를 충족하고 정말 마음에 드는 집이면 감당 가능한 대출금을 포함하는 의뢰인이 많았음.

지금 살고 있는 집이 마음에 들지 않거나, 집을 구해본 경험이 전혀 없어 아무것도 모르겠을 때는 이런 방송의 의뢰인들을 참고해도 좋아요. 나에게 맞는 집을 기획하는 법과 방향성을 조금이나마 알게 될 거예요. 제가 반지하 빌라를 사기 전에 이 프로그램을 봤다면 얼마나 좋았을까요. 요즘 들어 그게 아쉬울 때가 있더라고요.

이제부터는 집이 너무 비싸다는 생각을 버리고, 그저 내 집을 사고 싶다는 막연한 소망도 그만두고, 아주 명확하고 구체적인 내 집의 콘셉트를 정하세요. 그러면 내 집 마련이 예전보다 훨씬 더 가깝게 느껴질 거예요. 그리고 다음의 질문에 나만의 답을 채워보세요. 막막한 느낌은 나만의 해법을 찾아갈수록 점점 옅어진답니다!

#가용예산 #동네 #주거형태

Q.10.
나의 가용 예산은 얼마인가요?

이제까지 모은 돈 5천만 원 + 마이너스 통장 1천만 원(가능) + 집을 사게 될 경우 집 담보 대출(예정)
➡ 마이너스 통장과 주택담보대출 액수는 월 상환 가능 금액으로 결정할 예정 (120만 원)

Q.11.
어느 동네에 집을 마련하고 싶으세요? 그 이유는요?

서울시 성북구 성북동. 돈 많은 사람들만 살 것 같은 동네지만, 그런 집에서 일하던 사람들이 살던 저렴한 주택도 있다고 들었다. 교통이 엄청 편한 건 아니라서 집값도 늘 비슷하다고 알고 있고, 무엇보다 종로에 위치한 회사와 가깝다.

Q.12.
내가 원하는 주거 형태는 무엇인가요?

비혼주의자인 나는 가족 구성원을 늘릴 계획이 없으므로 내 개성이 잘 묻어나는 아담한 한옥에서 살아보고 싶다. 다도에 관심이 많아 작은 마당에서 차 마시는 상상을 하면 행복해진다. 자동차를 사지 않을 것이기에 주차 공간도 필요 없다.

당신의 Q&A

Q10.
나의 가용 예산은 얼마인가요?

Q11.
어느 동네에 집을 마련하고 싶으세요? 그 이유는요?

Q12.
내가 원하는 주거 형태는 무엇인가요?

생각 전환

빚, 돈, 부동산에 대한 발상 바꾸기

다섯째 대출이 왜 두려우세요?
여섯째 첫 집에서 얼마나 살 계획인가요?
일곱째 내 집 마련 그 후에 대해 상상해봤나요?

다섯째

대출이 왜 두려우세요?

조금만 관심 있게 뉴스를 본 분들이라면 알 거예요. 가계대출이 엄청나게 늘고 있다는 사실을요. 대출이 왜 늘었는지도 알죠? 바로 집값과 주식 투자 때문입니다(대출 금리가 그 어느 때보다 저렴한 것도 이유겠고요). 영끌 해서 집을 사고, 급등한 전셋값을 감당하기 위해 2030들이 가계대출을 많이 받는답니다. 카카오, 삼성전자, 테슬라, 애플 등의 주식에 투자하기 위해 빚을 내는 사람들도 많대요.

아무리 대출 금리가 저렴하다 해도 이 사람들은 빚이 하나도 무섭지 않은 걸까요? 어쨌든 갚아야 할 돈이잖아요. 매달 돌아오는 신용카드값을 감당하는 것도 어려운데 몇 억 원에 달하는 빚을 만드는 사람들이 역대 최다라니, 이건 다른 세상 이야기인가 싶어요.

그런데 여러분, 한 가지 분명히 해야 할 사실이 있습니다. 어쨌든 빚을 내지 않고서는 집을 살 수 없다는 현실이죠. 내 집을 사겠다고 마음먹은 사람은 가계대출을 무턱대고 두려워해서는 안 됩니다. 대출이 무서워서 무조건 거부했다가 망해본 사람이 바로 저이기에 자신 있게 이런 말을 할 수 있어요(슬픈데 당당한 느낌, 뭐죠?).

착한 빚을
거부하지 마세요

'빚에도 종류가 있다'는 말, 아마 지겹도록 들어보았을 거예요. 빚의 종류란 바로 '나쁜 빚'과 '착한 빚'입니다. 나쁜 빚은 단순 소비를 위한 것이죠. 여행, 명품 가방, 분수에 맞지 않는 자동차 등을 위해 내는 빚이 여기에 해당합니다. 이렇게 사라지는 곳에 돈을 쓰려고 빚을 내면, 그 빚을 갚기 위해 월급이 필요해지죠. 이직을 하고 싶어도, 공부를 더 하고 싶어도 당장의 수입이 필요하기에 미래의 나까지 희생해야 합니다.

반면 착한 빚은 *레버리지를 일으키는 투자금이죠. 대표적인 것이 부동산을 사기 위한 대출입니다. 내가 버는 돈이 물가상승률을 따라갈 수 없으니, 일단 빚과 손잡고 내 집을 마련

*레버리지 leverage
자산투자에서 수익 증대를 위해 빚을 끌어다가 매입에 나서는 투자 전략을 총칭하는 말

해두는 겁니다. 20~30년의 장기대출 계획에 따라 매달 돈을 갚는 몇 년 사이, 대출받은 돈보다 집값이 더 오르는 걸 많은 사람들이 경험했습니다. 만약 대출이 두려워 집을 사지 않았다면 이러한 자산 증식의 기회를 잃는 것이죠. 결과적으론 빚 덕분에 자산이 늘었으니 착한 빚이라 할 수 있겠습니다.

그런데 대학을 갓 졸업하고 사회생활을 시작한 지 얼마 안 된 우리가, 사회생활을 열심히 하느라 세상 물정을 익힐 새도 없던 우리가, 갑자기 몇 억 원이나 되는 대출을 아무런 두려움 없이 받을 수 있을까요?

결론부터 말하자면 네, 두려움을 이기고 받아야 합니다! 실체 없는 두려움과 용기 내어 마주하고 착한 빚을 힘껏 끌어안아야 합니다! 그 이유가 무엇인지 저의 실패담을 통해 말씀드릴게요. 모쪼록 잘 새겨들어주세요.

실패담1 대출은 상상도 못 했던 29살

저는 29살에 1억 원을 모아 동작구 사당동에 위치한 오래된 반지하 빌라를 1억 5천만 원에 샀습니다. 아무리 눈을 씻고 찾아봐도 1억 원짜리 집을 찾을 순 없었거든요. 발품을 많이 팔았다면 어땠을지 모르겠지만, 그때의 저는 정말 아무것도 모르는 바보라 매물도 많이 보지 않았어요. 그 결과 7,500만 원의 전세를 끼고 1억 5천만 원짜리 집을 샀습니다.

대출을 받는다는 건 상상도 하지 못했던 저였기에 아파트는 쳐다보지도 않았어요. 정말 낡고 오래된 관악구의 20평대 복도식 아파트가 2억 2천만 원이라고 들었거든요. 1억 원도 겨우 모은 저에게 2억 원이 넘는 아파트는 신기루와도 같았어요. 2008년의 이야기입니다(물론 지금은 훨씬 많이 올랐죠).

1억 5천만 원짜리 반지하 빌라를 선택할 수 있었던 건 세입자가 사는 몇 년 동안 5천만 원을 더 모아서 내주고 직접 들어가서 살 계획 때문이었어요. 그때 저는 엄마와 살고 있었거든요. 이 선택이 그 당시 과연 최선이었을까요?

앞에서 이미 밝혔듯 그 선택은 최선이 아니었어요. 시간을 그때로 되돌릴 수 있다면 전 세 가지 행동을 수정했을 거예요.

첫째로, 진짜 마음에 드는 집을 만날 때까지 발품을 팔았을 거예요. 미숙하다는 이유로 너무 등 떠밀려 집을 계약한 건 아닌지 정말 후회되었으니까요.

둘째로는 빌라가 아닌 아파트를 샀을 거예요. 나중에 알고 보니 전세를 끼고 아파트를 사나, 빌라를 사나 초반에 드는 비용에는 큰 차이가 없다는 걸 알게 됐거든요. 전체 집값 때문에 무조건 두려워했던 게 후회됩니다.

마지막으로, 제 돈으로만 집을 사는 게 아니라 대출(착한 빚)을 일으켰을 거예요. 그 당시 저는 방송국의 정규직 아나운서였습니다. 대출도 잘 나왔을 테고 다달이 대출을 상환하는 데 아무런 문제도 없었을 테죠. 하지만 대출을 받는다는 게 꼭 나쁜 짓을 저지르는 것처럼 느껴졌어요. 그 막연한 두려움 때문에 제대로 알아보지 않으려 했던 저의 지독한 무지가 후회됩니다.

문제는 저의 실수가 이 실패담에서 끝이 아니라는 거예요. 오히려 이때부터 본격적인 실수가 시작되었다는 말이 더 정확한 표현일 것 같네요.

실패담2 두 집을 쥐고 빚을 두려워한 신혼 초

사당동 반지하 빌라를 산 뒤 2년이 지난 후 저는 결혼을 했습니다. 당시 남편은 2억 원대 초반의 경기도 외곽에 위치한 아파트를 분양받은 상태였어요. 1억 3천만 원에 달하는 20년짜리 대출을 낀 조건으로요.

제 생에 이렇게 엄청난 빚은 처음이었어요. 일단 맞벌이를 해야 했으니 경기도보단 제 빌라가 더 낫다고 판단했습니다. 그래서 남편의 아파트는 7천만 원에 전세를 주고, 그 돈을 제 빌라에 살던 세입자에게 전세금으로 돌려준 후 사당동 빌라에 들어갔습니다.

그런데 어째서 저희 부부는 신혼집으로 이 두 집 중 하나를 고르는 보기만 생각했을까요? 다른 선택지도 얼마든지 있었는데 말이죠. 이번에도 시간을 그때로 되돌릴 수 있다면 저는 역시 제 행동 중 세 가지를 수정할 것 같습니다.

첫째로, 경기도 외곽 아파트를 포기했을 것 같아요. 그 아파트는 2010년에 첫 입주를 시작했어요. 입주가 시작되니 집값이 분양가보다 떨어지더라고요. 대출금 이자까지 합치면 손해가 제법 됐기에 그 먼 곳에 있는 아파트를 꼭 쥐고 있었던 게 후회됩니다.

둘째로, 빚을 너무 크게 인식하지 않았을 것 같아요. 사당동 빌라의 세입자 전세금, 경기도 아파트의 세입자 전세금, 아파트 대출금까지 모두 충분한 기한이 있는 약속이었는데도 괜히 불안해했던 게 후회됩니다.

셋째로, 제3의 선택을 했을 것 같아요. 변변찮은 두 집을 모두 팔고 대출(착한 빚)을 받아 똘똘한 한 채 전략을 취했겠죠. 이 부분이 저의 가장 뼈아픈 실수였어요.

저는 빚이 너무 무서웠습니다. 왜 그렇게 두려웠는지 모르겠지만, 빚은 무조건 없어야 하는 거라고 생각했어요. 아마도 저는 근검절약이 지독한 습관이셨던 할머니의 영향을 많이 받은 거 같아요. 할머니의 절약 정신은 정말이지 상상을 초월했거든요. 그런 할머니와 함께 살기 위해 저는 할머니의 라이프스타일에 적응할 수밖에 없었고, 그 결과 '절약과 저축'이 최상의 선이고, '소비와 빚'은 절대적인 악이라는 고정관념이 저도 모르게 생긴 듯해요. 혹시 여러분도 빚이 무섭고 두렵나요? 그런 마음이 드는 이유가 부모님의 영향 때문은 아닐까요?

  물론 절약과 저축은 좋은 거죠. 하지만 여러 기회나 가능성을 차단할 정도로 무조건 좋은 건 아니었다는 걸 이제야 깨달았어요. 로또에 당첨되려면 일단 로또를 사야 하는 것처럼 집을 사고 싶다면 대출을 일으켜 사고 그걸 갚아나가는 순서가 부동산 세계에선 상식이었습니다. 그 상식을 두 번의 실패로도 깨닫지 못한 저는 또다시 어리석은 선택을 하고야 맙니다.

빚 빨리 갚는다고
누가 상 주는 거 아닙니다

결혼을 하고 사당동 반지하 빌라에 실제로 살아보니 불편한 점이 너무 많았어요. 제가 가성비 좋은 집은 없다고 말했었죠? 이제 와서 일일이 불편한 점을 나열하고 싶지도 않을 정도로 그 집은 저와 맞지 않았습니다. 그래서 들어간 지 6개월 만에 저는 이 빌라를 제가 산 금액인 1억 5천만 원에 겨우 팔았습니다. 그러고 나서 같은 동네인 사당동에 위치한 구축 아파트를 전세 계약했습니다. 전세로 이사를 한 건 경기도에 우리 부부 소유의 아파트가 있었으니까 1가구 1주택이 맞는다는 생각 때문이었어요.

그런데 한 가지, 이 과정에서 제가 착각한 게 있었어요. 저는 제가 가진 1억 5천만 원으로 전세를 구하는 게 쉬울 줄 알았습니다. 대부분 매매가보단 전셋값이 더 저렴하니까요. 그런데 전세를 구하는 게 엄청 힘들었어요. 지금은 상상하기 힘들지만, 제가 전세를 구하던 2010년은 매수자 우위 시장이었거든요. 집을 팔려는 사람은 많은데 사려는 사람이 거의 없었어요. 집값이 떨어질 거란 예상이 지배적이었고 실제로 집값도 점점 떨어지고 있었죠.

그러면 어떤 일이 벌어지는지 아세요? 전셋값이 고공행진을 합니다. 아무도 집을 안 산다는 건 다들 전세를 구한다는 뜻이거든요. 전세가 부족해지니 하루가 다르게 값이 올랐던 거예요(이렇게 전셋값이 오르면 그 영향으로 결국 집값도 오른다는 걸 그땐 전혀 몰랐습니다).

어쨌든 제가 집을 팔 때는 아무도 사려고 하지 않고, 제가 전세를 구하려니 하루하루 값이 오르고 난리도 아니었죠. 집을 팔고 1억 5천만 원을 손에 쥐었지만 그 돈으로 전세를 찾을 수가 없었습니다. 그래서 하는 수 없이 마이너스 통장까지 동원해 영끌을 한 다음 2억 원짜리 전세를 간신히 구했어요.

실패담3 빚과 친해지기는커녕 이별하려고만 했던 나

이미 가지고 있는 빚도 무서워 덜덜 떠는 저였는데 마이너스 통장이라뇨?! 저는 패닉에 빠졌습니다. 경기도 아파트의 장기대출과 아파트 세입자의 전세금도 엄청난 빚이라 생각했는데 거기에 더해 내 전세를 위한 마이너스 통장이라니, 너무 큰 부담을 느꼈죠. 빨리 빚을 청산하지 않고는 견딜 수가 없단 생각이 저를 지배했어요. 그래서 수입의 대부분을 빚 탕감에 썼습니다.

당시 저희 부부의 월수입은 둘이 합쳐 5백만 원이 조금 안 됐어요. 굉장히 현실적인 수입이죠? 저는 이 돈 중 3백만 원을 다달이 저축했어요. 1년 동안 3,600만 원을 적금에 쏟아부었고, 두 사람의 인센티브나 번외 수입까지 모조리 합쳐 연 5천만 원을 모았습니다. 2년에 1억 원을 모으는 시스템이었죠.

사당동 구축 아파트에서 전세 기간을 다 채우고 2년 후 돌려받은 전세금으로 경기도 아파트의 세입자 전세금을 해결했고, 남은 돈과 저축한 돈을 합쳐 20년짜리 아파트 장기대출을 모두 청산했습니다. 대출을 받은 지 3년 이내에 대출금 전부를 상환하면 내야 하는 중도상환수수료까지 깔끔하게 물어주면서요. 드디어 저는 결혼 3년 차에 빚 하나 없이 부부 소유의 경기도 아파트에서 생활할 수 있게 됐습니다.

그때 저는 빚의 공포와 부담감에서 벗어나 행복했어요. 왜냐하면 저희 부부는 둘 다 회사를 그만두고 1년 동안 세계 여행을 다녀왔거든요. 갚아야 할 빚이 있는 상태로 퇴사나 세계 여행은 절대 안 된다고 생각했고, 그 생각이 최대한 빠른 빚 청산에 도움이 됐던 것도 분명합니다.

저는 목표를 달성했다는 뿌듯한 마음을 저의 첫 책 《여자의 습관》(다산북스, 2013)을 통해 전하기도 했죠. 빚을 갚기 위해 엄청난 절약을 실천하며 생긴 꿀팁과 함께요. 그런데 그 책을 출간한 지 8년이 지난 지금은 그때 다른 선택을 했다면 더 좋지 않았을까 생각합니다. 빚을 갚기만 할 것이 아니라 그 빚을 제대로 활용했다면 지금 저의 자산은 다른 숫자를 기록했을 테니까요. 물론 그때의 저는 최선을 다했고 그 노력을 지금도 기특하게 기억하지만, 그때보다 세상을 조금 더 아는 언니가 된 지금, 과거의 저에게 세 가지 조언을 해주고 싶기도 합니다.

첫째로, 경기도 아파트 세입자의 전세금은 빚이 아니라고 생각하라 할 거예요. 어차피 살고 있던 전세 아파트의 전세금을 돌려 받으면 언제든 줄 수 있는 돈이니 그렇게 '빚 너무 무서워' 하고 벌벌 떨지 말라고요.

둘째로, 수입의 100%를 빚 상환에 쓰지 말고 투자를 병행하라 할 거예요. 당시 저는 집을 사느라 지게 된 착한 빚을 무서워하기만 하고, 월수입 중 10~20%를 투자하라는 이야기도 귀담아듣지 않았어요. 오랜 시간 투자의 중요성을 몰랐거든요. 이제는 투자의 중요성을 너무 잘 알죠. 그래서 당시 저에게 '지금부터라도 꾸준히 삼성전자 주식을 저축하듯 사', '주가지수에 투자하는 ETF를 시작해'라고 해줄 겁니다.

> **ETF**
> Exchange Traded Fund. 상장지수펀드. 투자자들이 개별 주식을 고르는 수고를 하지 않아도 되는 펀드 투자의 장점과 언제든 시장에서 원하는 가격에 매매할 수 있는 주식 투자의 장점을 모두 가지고 있는 상품

셋째로는 잘 모르는 지역의 아파트를 처분하고 잘 아는 지역에서 집을 사라고 할 거예요. 남편이 분양받은 아파트는 2기 신도시인 경기도 외곽에 위치한 집이었습니다. 저는 계속 서울에서만 살았던 터라 경기도에 대해 전혀 몰랐죠. 나중에 가서 살아보니 정말 낯설고 서울과 멀더군요. 잘 모르는 곳의 집을 제대로 알아보지도 않고, 왜 계속 놓지도 못하고 있었는지 후회됩니다.

소득이 물가 오르는 속도를 못 쫓아간다고 하죠? 그래서 투자를 하는 거잖아요. 그렇기에 빚을 빨리 갚으려면 오히려 투자를 병행하는 게 더 나은 선택이라는 생각이 드는 요즘입니다. 투자에도 분산 전략이 필요한 것처럼 수중의 돈 역시 빚 상환과 투자를 병행하는 분산 전략이 필요합니다. 과거의 저는 그걸 잘 몰랐지만, 그 경험 덕분에 배운 것도 있네요.

내가 감당할 수 있는 만큼의 자본주의를 이용하세요

 2012년에 모든 대출금을 청산하고 경기도 외곽에 위치한 부부 소유의 아파트에 들어갔던 저는 어떻게 살았을까요? 이사 후 6년 동안은 빚이 없어 좋다는 말을 하고 살았습니다. 진심이었어요. 그사이 1년 동안 세계 여행도 다녀왔고요. 여행 후 여러 도전을 하는 데에도 빚 없는 내 소유의 아파트가 든든하게 느껴졌습니다.

 그런데 그동안 부동산 시장에 커다란 변화가 왔습니다. 집값이 요동쳤죠. 게다가 경기도 외곽에서 서울(특히 강남)로의 잦은 이동은 저의 시간과 체력을 너무 빠르게 소모시켰습니다. 그래서 2018년 하반기부터 서울로의 이사를 고려했습니다. 그러나 그사이 서울은 미친 듯이 집값이 올랐더라고요. 서울을 떠나지 말았어야 했지만 이미 돌이킬 수 없는 일이었죠.

그때라도 과감하게 움직였어야 했는데 2018년에도, 2019년에도 저는 여전히 빚이 무서웠어요. 그래서 살던 아파트를 팔고 서울과 비교적 가까운 1기 신도시로 2019년 5월에 이사를 갔습니다. 전세로요. 서울로의 이동 시간이 20~30분이 단축되니 훨씬 살 것 같았습니다. 물론 이때도 빚은 없었습니다.

하지만 이때도 저는 한 가지 실수를 했습니다. 전세가 아니라 그냥 집을 샀어야 했던 거죠. 흔히 말하는 '갈아타기'를 했어야 합니다. 근데 저는 이미 사당동 반지하 빌라와 경기도 외곽의 아파트를 팔아봤잖아요. 정말 힘들게 팔았거든요. 어찌나 다들 가격을 후려치는지, 두 번 다 제가 팔고 싶은 가격보다 못 받고 팔았어요. 그래서 쉽게 집 구입을 결정할 수 없었습니다. 여전히 대출을 받는 것도 두려웠고요. 그 결과 저는 더더욱 감당할 수 없는 집값과 마주해야 했습니다. 네, 맞아요. 저의 네 번째 실패입니다.

'쥐도 궁지에 몰리면 고양이를 문다'고 하죠. 집과 관련한 네 번의 후회되는 선택을 하고 나자 갑자기 대출이 두렵게 느껴지지 않았습니다. 더 이상 물러설 곳이 없어 보이자, 어리석은 선택을 연발하던 예전의 모습으로는 살고 싶지 않아졌어요.

그래서 처음으로 용기를 내서 자발적 대출을 받았습니다. 그리고 1기 신도시 전셋집에 들어간 지 1년 만에 나와 집을 샀어요. 2020년 늦봄의 일이었습니다. 결혼한 지 10년이 지나서야 착한 빚의 존재를 받아들이게 된 거예요. 더 일찍 결심했다면 같은 집도 더 저렴하게 살 수 있었겠지만, 그건 그냥 저를 드디어 행동하게 만든 수업료라고 생각하기로 했어요.

대출을 받게 된 데는 또 다른 생각의 전환이 있었습니다. 남편과 저는 둘 다 프리랜서라 수입이 불규칙해요. 매달 꼬박꼬박 내야 하는 대출금을 마련하는 건 부담이 될 수밖에 없죠. 사실 이 이유 때문에 지난날 대출을 그토록 두려워했던 거예요. 저는 이 두려움과의 싸움에서 이기고자 3년 치 대출금까지 함께 받았습니다.

계산하기 편하게 예를 들어볼게요. 가령 매달 100만 원의 대출금(원금+이자)을 상환해야 한다면 1년 동안 1,200만 원이 필요하잖아요. 저는 1,200만 원 × 3년(36개월)을 계산해 처음부터 3,600만 원을 포함하여 대출을 일으킨 겁니다. 3년 동안 안정적인 수입원 확보를 목표로 열심히 일할 계기를 만든 셈이기도 해요.

착한 빚과 손잡는 단계에 다다른 저는 이제야 조금씩 레버리지의 힘을 경험하고 있는 중입니다. 제가 감당할 수 있는 만큼의 대출을 받았고, 더 이상 빚을 두려워하지 않게 되었죠.

사실 요즘은 대출을 받겠다고 마음먹어도 쉽게 돈을 빌릴 수 있는 게 아닙니다. 부동산 관련 대책이 규제 위주로 속속 발표되면서 대출도 그 규제에 포함되는 경우가 많아졌거든요. 특히 주택담보대출비율이나 총부채상환비율을 따지면 더 받고 싶어도 못 받을 수도 있습니다.

영끌은 주택을 담보로 총부채상환비율까지 고려한 대출 금액에 더해 추가로 신용대출 등을 받아 돈을 마련하는 거잖아요. 그런데 이제는 무리한 영끌을 막기 위해 직장인 신용대출도 점점 까다로워지고 있습니다. 이쯤 되니 저도 생각이 바뀌더라고요. '아, 대출이 무서운 게 아니라 대출을 못 받는 게 진짜 무서운 거구나', '대출을 받아 집을 살 수 있는 상황이 정말 다행인 거구나' 이렇게요.

10년 넘게 대출을 두려워하며 아무것도 못 한 저도 변했습니다. 그러니 여러분도 할 수 있어요. 정부가 정한 대출의 기준 말고 내가 정한 감당 가능한 대출의 기준을 정하고 행동하세요. 그러면 대출이 무조건 두렵지도 않고, 무리한 대출 때문에 삶이 어려워지지도 않습니다.

> **주택담보대출비율**
> LTV(Loan To Value ratio). 주택의 담보 가치에 따라 대출을 받을 수 있는 비율. 집값이 2억 원이고 주택담보대출비율이 60%라면 최대 1억 2천만 원까지 대출을 받을 수 있다. 주택담보대출비율은 조정 대상 지역과 일반 지역 등에 차이가 있어 내가 사려고 하는 집의 대출 비율을 정확히 확인해봐야 한다.

> **총부채상환비율**
> DTI(Debt To Income). 돈을 빌리는 사람의 소득을 따져 대출 한도를 정하는 제도. 금융기관은 집을 담보로 돈을 빌려주긴 하지만 그 돈을 갚을 사람의 소득을 보고 대출 액수를 결정한다.

내가 감당할 수 있는 만큼의 대출이 어느 정도냐고요? 그건 나만 알 수 있어요. '내가 적어도 매달 이 정도는 갚을 수 있지!' 하는 금액이니까요. 갑자기 수입에 문제가 생겨도 그 상환 계획에는 차질이 없어야 하죠. 월 상환액을 정하면 총 얼마의 대출을 몇 년 동안 갚을 것인지 대출 규모가 계산됩니다. 그 대출 금액에 내가 가진 자산을 보태서 지금 옮길 수 있는 거주지를 가늠해 보세요. 내 집이 그리 멀지 않은 곳에 있을 거예요.

이경자의 Q&A

#대출두려움지수 #매매가 #대출금

Q13.
나의 대출 두려움지수는 몇인가요? 그 이유는요?

1 전혀 두렵지 않다
2 두렵지 않다
3 보통이다
4 두렵다
5 매우 두렵다

4번 두렵다
당연히 두렵다. 은행은 저금하는 곳으로만 생각했지 내가 큰돈을 빌릴 수 있다는 건 꿈에도 생각해보지 못했으니까.

Q14.
앞서 정리한 내가 원하는 집과 가장 비슷한 집의 매매가가 얼마인지 찾아보세요.

내가 원하는 집은 성북구, 종로구, 중구 쪽에 위치한 한옥이다. 나는 주로 네이버부동산, 호갱노노, 직방 등의 앱으로 실거래가와 호가를 살펴보는데 거주민 리뷰도 참고가 된다. 하지만 아파트가 아닌 한옥은 정확한 집값을 알기 어렵다. 이제는 내 집 마련의 막연한 두려움을 버리고 따로 시간을 내서 해당 동네 부동산에 직접 방문해 문의를 해보려고 한다.

Q15.
내가 감당할 수 있는 대출금은 얼마인가요?

직장 생활 7년 동안 5천만 원을 모았다. 한 달 평균 50만 원을 저금했다. 세전 220만 원 월급으로 평소에 좀 쓰면서 살았다. 이젠 내 집 마련에 대한 마음이 커져서 120만 원을 월 상환액으로 잡고자 한다.
월 120만 원×30년 = 4억 3,200만 원
이 중 가능한 한도까지 대출을 받고 싶다.

당신의 Q&A

Q13.

나의 대출 두려움지수는 몇인가요? 그 이유는요?

1 전혀 두렵지 않다
2 두렵지 않다
3 보통이다
4 두렵다
5 매우 두렵다

Q14.

앞서 정리한 내가 원하는 집과 가장 비슷한 집의 매매가 얼마인지 찾아보세요.

Q15.

내가 감당할 수 있는 대출금은 얼마인가요?

여섯째

첫 집에서
얼마나
살 계획인가요?

결혼 10년 만에 스스로 기획한 집을 사고, 그 집으로 이사를 한 후 이모가 저희 집에 놀러오셨어요. 겨우 짐 정리를 마친 집을 둘러보던 이모가 딱 이렇게 말씀하시더라고요.
"이제 너는 이 집에서 평생 살면 아무 걱정 없겠다."
네…? 이모의 말을 듣고 제 얼굴엔 물음표가 가득 찼습니다. 아니, 어떻게 한집에서 평생을 사나요? 생물학적 나이로만 따지면 저는 살아온 날들보다 살아갈 날이 더 많이 남은 사람인데요. 앞으로 제 삶에 어떤 변수가 생길지 알 수 없는데, 지금 사는 집에서 평생 산다는 생각을 한다고요?
물론 이모는 덕담이라고 생각해 건넨 말일 거예요. 그만큼 좋은 집이라는 말을 하고 싶었던 거죠. 저도 이모의 의중을 파악했습니다. 다만, 아무것도 모르던 집 매매 입문자 시절의 제가 떠올라 가슴이 아팠어요. '이 집에서 평생 살면 되겠다'는 생각을 했던 과거의 제가요. 그런 생각의 결과는 부동산 시장과 정반대의 흐름을 걷는 길이었죠.
여러분, 처음부터 평생 살 집을 구하지 마세요! 그건 정말 위험한 발상입니다. 그 생각이 나의 이동과 도전을 가로막아요. 저의 경험담을 통해 이 내용을 더 자세히 이야기해볼게요.

처음부터 맘에 쏙 드는 집을
살 수 있을까요?

집을 사는 건 우리 인생에 정말 커다란 사건입니다. 부동산을 업으로 하거나 부동산 투자에 전문적으로 나서는 사람이 아닌 이상 인생에서 자주 겪을 수는 없는, 큰 이벤트예요. 그래서 집 매매를 자주 한다는 생각 자체를 하기가 어려워요. 내 집 마련을 하는 이유 중에는 '자주 이사를 다니기 싫어서'라는 것도 있잖아요? 한 거주지에 뿌리를 내리려는 목적이 있다는 걸 저도 부정하지는 않겠습니다. 우리 부모님 세대도 한집에서 오래오래 살기도 하셨고요.

저도 그랬어요. 그래서 아주 오래된 반지하 빌라를 사면서도 '오래오래 살아야지'라고 생각했어요. 너무 소중한 나의 '첫' 집이었으니까요. 그러나 '소중한 것'과 '불편한 것'은 별개의 문제입니다. 평생 혹은 오래 살 거란 생각이 제 발목을 잡았어요. 불편한 걸 자꾸 참게 만들었거든요. 가파른 언덕도, 측간 및 층간 소음도, 불편한 환기 시스템도, 작은 화장실도, 최악의 주차도 무턱대고 참았습니다. 정말 미련한 짓이었죠.

아니, 불편하면 사는 곳을 옮겨야지 왜 참나요? 지금 가진 돈이 부족해서라고요? 이사 온 지 얼마 되지도 않았는데 어떻게 바로 또 이사를 가냐고요? 더 나은 삶을 위해 내 집을 마련한 건데요? 지금 집이 더 나은 삶을 제공해주지 않는다면 첫 집이 다 무슨 소용이죠? 내가 가진 돈으로 더 괜찮은 조건의 집이 있는지 찾아본 것도 아니면서 왜 안 될 거라고 지레짐작하며 엉덩이 무겁게 자리를 지키고 있나요?

'오래오래 살아야지'라는 생각이 나도 모르게 참고 견디는 걸 선택하게 만들어요. 이건 더 좋은 집을 마련할 기회를 나도 모르게 막는 위험한 생각입니다. 살다가 불편하면, 집이 나와 잘 맞지 않는다면, 언제든 집을 팔고 이사를 갈 수 있어야 합니다. 더 좋은 곳은 분명 있습니다!

여러분의 생각을 전환시킬 키를 하나 드릴게요. 바로 '처음부터 완벽할 순 없다'는 인정입니다. 첫 집이야말로 최대한 짧게 머무르는 게 좋습니다. 처음부터 한정된 예산 안에서 마음에 드는 집을 사기가 어렵기 때문이에요. 첫 집은 이것저것 불편한 게 많을 거예요. 선택의 미숙함도 많은 곳일 수 있어요. 집 매매 경험이 처음이라 미처 체크하지 못한 하자가 있을 수밖에 없거든요.

내 집을 마련한 뿌듯함이야 이루 말할 수 없겠지만, 이곳에서 평생 살겠다는 생각은 말고 빨리 돈을 모아 더 좋은 곳으로 가겠다는 결심을 하세요. 첫 번째 선택에는 당연히 실수가 섞일 수 있다는 걸 인정하면 가능한 한 빨리 그 실수를 수정하겠다는 마음을 가질 수 있어요.

그렇다면 좋은 집을 선택하는 노하우를 어떻게 늘릴 수 있는지가 궁금해질 텐데요. 정공법은 역시 여러 집을 경험해보는 거예요. 아마 자취를 많이 해본 사람이라면 자신도 모르게 그 경험치가 많이 쌓였을 거라 생각합니다. 처음에는 가격만 보고 덜컥 계약했다가 직접 살아보니 불편한 점들이 생기잖아요. 그러면 다음 집을 구할 때는 내가 유독 못 견디는 불편한 점들이 있는지를 살펴보며 점점 나에게 맞는 집을 찾아가게 되죠.

지금 부모님과 살고 있지만 내 집 마련을 생각 중인 분들은 일부러라도 전세든 월세든 독립을 경험해보길 추천합니다. 전월세 독립이 여의치 않다면 주변에 자취 경력 만렙인 친구들에게 조언이라도 들어보세요. 나중에 내 집을 고를 때 다 피가 되고 살이 될 이야기니까요.

계약 기간은 무조건 채워야 한다는
생각을 버리세요

 집을 사고파는 데는 '세금'이 듭니다. 내 집이든, 남의 집이든 이사를 하면 '이사비'라는 것도 들고요. 그래서 자주 이사를 하면 돈이 샙니다. 이동 자체가 돈이기 때문입니다. 그러나 그 돈을 너무 아까워하지는 마세요. 작은 돈 아끼려다 좋은 기회 다 놓칩니다.

 결혼 후 두 아이의 엄마가 된 제 친구는요. 아이가 어릴 때 들어간 전셋집에서 이사 간 지 보름 만에 나왔습니다. 집이 도로변에 딱 붙어 위치한 탓에 창문으로 계속 매연이 들어와 아이들 건강을 위협했기 때문이에요. 짐을 풀기도 전에 다시 이삿짐 업체를 부르고 중개비를 들이면서까지 집을 옮겼습니다. 이후에도 그 친구는 사는 환경이 더 나은 집으로 계속 이사를 했어요. 계약 기간을 채우든 말든, 세금이 얼마가 들든 살기 불편하면 과감히 이사했어요. 더 나은 곳으로 옮기는 선택은 이사를 할 때마다 집값이 오르는 결과를 불러왔습니다. 집값 상승을 목표로 한 건 아니었는데, 더 좋은 집을 찾아 이사를 가니 집값이 오를 수밖에요. 지금은 아이들 학군까지 고려한 마포구 아파트에 자가로 거주 중이에요.

저는 어땠을까요? 네, 더 말하기도 민망할 정도죠. 정반대였습니다! 사당동 반지하 빌라를 팔고 들어간 근처 구축 아파트 전셋집에선 계약 기간을 다 채웠어요. 전세 계약 기간은 무조건 채워야 하는 거라고 고지식하게 생각했죠. 안 그러면 내가 집을 내놔야 하니 중개비가 들잖아요. 굳이 쓰지 않아도 되는 돈이라고 판단했던 거예요.

그 아파트 전세 계약을 다 채우고 경기도 외곽에 위치한 우리 부부 소유의 아파트에 들어가면서는 집 문제가 해결됐다고 생각했습니다. 그래서 더 나은 집을 찾아보려는 생각은 하지도 않았어요. 그 결과 제 집만 빼고 다 올랐습니다. 더 정확히는 제 집보다 더 나은 집만 오른 거겠죠. 더 나은 환경을 찾아볼 생각도 하지 않았던 저는 집값 상승 기회를 만나볼 수 없었습니다.

'소탐대실'이라고 하죠. 눈앞의 몇 백만 원을 아끼려다 좋은 집을 잃는 선택을 하지 마세요. 가장 최고의 부동산 투자는 더 나은 곳으로의 이동입니다. 그렇다고 반드시 상급지로 이동하는 걸 목표로 삼아야 한다는 말은 아닙니다. 지금 사는 집에 불편한 점이 있다면 더 나은 곳으로 언제든 옮길 수 있다는 '의지'를 가지고, 계약 기간을 모두 채우지 않아도 이사가 가능하다는 '유연한 생각'을 해야 한다는 뜻입니다.

그 과정에서 발생하는 비용을 너무 아까워하지 마세요. 그 돈은 내가 더 나은 선택을 하게 해주는 소중한 기회를 제공합니다. 언제든 마련할 수 있는 이사비가 아까울까요, 아니면 다시 오지 않을지도 모르는 더 나은 집으로의 이사 기회를 놓치는 게 더 아까울까요? 여러분도 답은 이미 아시잖아요.

이 답을 최근에서야 발견한 저는 1기 신도시에 위치한 전셋집에서 계약 1년 만에 나올 수 있었습니다. 그리고 전셋집보다 더 마음에 드는 집을 샀죠. 한마디로 더 나은 환경으로의 이사를 강행한 건데요. 과거의 고지식한 생각을 바꾸기까지 나름의 용기가 필요하더라고요. 하지만 지금 이사할 수 있는 기회가 이사 비용을 쓰는 것보다 훨씬 더 가치 있다고 생각하니 용기가 났습니다.

그런데 여러분 그거 아세요? 살던 집의 전세를 내놓은 부동산 중개소를 통해서 다른 집을 구입하면, 중개수수료는 집 매매 시에 발생하는 비용만 받는다는 걸요. 이런 거래를 해본 적이 없어서 잘 몰랐는데 덕분에 이사 비용을 조금 줄일 수 있었어요.

낯선 동네는
무조건 피하는 게 좋을까요?

거주지를 옮기는 것에 익숙하지 않은 사람들이 있습니다. 이미 다 알고 있는 곳이 편한 건 사실이지만, 그렇다고 한곳에서 쭉 사는 게 무조건 좋은 것만은 아닙니다. '익숙한 것'과 '편리한 것'의 차이를 잘 아셔야 합니다.

저는 경기도 외곽에 위치한 아파트에서 무려 7년을 살았습니다. 점점 동네가 익숙해지더니 정도 들더군요. 저는 그 집에서 평생 이사도 가지 않고 살려고 했습니다. 나중엔 그 집으로 주택연금까지 받을 생각이었죠.

그런데 익숙해지는 것과 별개로, 살면서 불편한 점은 계속해서 튀어나왔습니다. 저는 서울에서, 특히 강남 쪽에서 일하는 경우가 많았는데 경기 북부 외곽에서 강남으로의 이동은 체력 소모가 너무 심했습니다. 게다가 시간이 돈인 프리랜서에게 이동 시간이 긴 건 무척이나 불리했죠. 그 사실을 만 7년이 지나서야 깨달았던 겁니다. 제가 지나치게 둔했던 탓인데, 주위를 둘러보니 저처럼 불편함을 감수하면서까지 익숙한 동네에 계속 머무는 분들이 제법 있더라고요.

불편함을 익숙함으로 덮어버리지 마세요. 그 기간이 길면 길수록 나만 손해입니다. 집값 상승에서 격차가 벌어지는 것은 물론이고, 불편하게 산 지난날의 내 삶도 보상받지 못해요. 익숙하다고 다 좋은 게 아닙니다. 익숙함 사이에 불편함이 섞여 있다면 그걸 개선하기 위해 기꺼이 움직일 수 있어야 합니다.

낯선 게 싫고 새롭게 적응하는 게 번거롭다고요? 아니에요. 내가 알지 못하는 곳에 더 편리하고 쾌적한 무언가가 있을지도 몰라요. 몰라서 못 누리는 건 너무 억울하지 않나요? 저는 7년 동안 살던 동네를 떠나 지금 동네에 머무른 지 2년 정도가 됐는데요. 지금 사는 동네가 훨씬 더 편하다는 걸 이사 한 달 만에 알았습니다. 왜 7년 동안 그 불편한 교통을 미련하게 견뎠나 억울하기까지 하더라니까요.

정리정돈의 과학을 보여주는 tvN 예능 프로그램 〈신박한 정리〉에 출연한 공간크리에이터 이지영 대표가 예전에 이런 말을 했어요.

"무거운 가전제품이나 가구보다 더 옮기기 힘든 게 바로 '생각'이에요."

거주지를 옮기는 것도 마찬가지가 아닐까요? 익숙하다는 이유로 계속 같은 거주지를 고수할 필요가 전혀 없어요. 불편한 부분을 왜 굳이 감수하려 하나요? 하루라도 빠른 의사 결정과 실행이 내 삶을 더 나은 방향으로 이끌어준다는 사실을 반드시 기억하세요.

익숙한 동네를 점점 넓혀가는 것도 크게 보면 내 삶에 도움이 됩니다. 잘 아는 동네가 하나만 있는 사람보다 10개인 사람이 더 좋지 않을까요? 집을 고르는 건 집만 보는 게 아니라 그 집이 자리한 '동네'까지 고려해야 하는 거잖아요. 나에게 집 선택의 보기를 많이 주려면 낯선 동네도 자주 경험해보면서 잘 아는 지역을 넓혀가야죠. 그렇다고 아무 곳이나 막무가내로 가진 마세요. 아래의 체크포인트를 이용해 낯선 동네로의 이사에 대비해보기 바랍니다.

체크포인트1 교통보다 편의시설이 중요하다면?

매일 출퇴근하는 직업이 아니라서 동네 편의시설이 중요하다면, 교통 인프라가 다소 불편한 데 비해 도시 안에서 대부분을 해결할 수 있는 신도시로 간다. 서울 구도심보다 집값도 저렴한 편이라 같은 값에 더 넓은 집을 얻을 수 있다.

체크포인트2   일터와 집 사이의 거리가 중요하다면?

교통망이 촘촘한 구도심으로 간다. 나의 일터를 지나가는 대중교통 노선에 속한 지역을 위주로 본다.

체크포인트3   부동산 앱 '직방'의 '거주민 리뷰'

관심 있는 집의 실거주자가 남긴 리뷰는 많은 정보를 제공한다. 별점 평가와 함께 다양한 카테고리로 나뉜 의견을 볼 수 있다. 리뷰를 남긴 사람의 연령대, 성별, 주거 형태도 확인 가능해 나와 비슷한 사람의 의견을 참고할 수 있다.

체크포인트4   낯선 동네로의 탐방

지금 살고 있는 지역에서 버스를 타고 여행하듯 돌아다녀보면 어느 순간 느낌 좋은 동네를 발견할 수도 있다. 어느 일러스트레이터는 반려묘와 함께 살고픈 집을 그려뒀는데, 일 때문에 방문한 낯선 동네에서 그림과 똑같은 집을 발견했다고 한다.

이경자의 Q&A

#주거기간 #동네의장단점
#떠날까말까

Q16.
한집에서 가장 짧게 살았던 기간과 가장 오래 살았던 기간이 어떻게 되나요?

잘 기억나지 않는 어린 시절엔 자주 이사를 다녔다고 하는데, 부모님이 지금 살고 있는 집을 초등학교 6학년 때 산 후로는 19년째 살고 있다. 방 2개짜리 작은 집에서 언니까지 네 식구가 살다가 언니가 결혼해 나가며 생활이 좀 나아졌지만 부모님과 자주 부딪히며 사느라 너무 불편하다.

Q17.
지금 살고 있는 동네의 장단점은 무엇인가요?

나의 10대 학창 시절을 보낸 동네라 추억이 많다. 하지만 딱 거기까지다. 대학교를 다닐 때도 그랬고, 직장 생활을 하는 지금도 서울과 너무 멀어 이동이 불편하다. 30대가 되니 출퇴근만으로도 너무 지친다.

Q18.
지금 살고 있는 동네에서 계속 살고 싶나요, 떠나고 싶나요? 떠난다면 언제 떠나고 싶은지 구체적인 시기를 생각해보세요.

부모님이랑 계속 싸우는 것도 지겹고, 한집에서 오래 산 세월도 지겹다. 이제는 회사 다니기 편한 지역에 내 집을 마련하고 싶다. 나도 독립된 사람으로, 진정한 어른으로 거듭나고 싶다. 이왕이면 팀장 승진 전까지, 지금으로부터 약 1~2년 안에는 떠나고 싶다.

당신의 Q&A

Q16.
한집에서 가장 짧게 살았던 기간과 가장 오래 살았던 기간이 어떻게 되나요?

Q17.
지금 살고 있는 동네의 장단점은 무엇인가요?

Q18.
지금 살고 있는 동네에서 계속 살고 싶나요, 떠나고 싶나요? 떠난다면 언제 떠나고 싶은지 구체적인 시기를 생각해보세요.

일곱째

내 집 마련
그 후에 대해
상상해봤나요?

"왕자와 공주는 평생 행복하게 살았답니다."
어릴 적 읽었던 동화의 마지막은 항상 아름다웠습니다. 대학교를 졸업하고 취업을 한 뒤에야 그게 거짓말인 걸 알았죠. 대학만 가면 모든 게 다 끝날 줄 알았지만 취업이란 산이 떡하니 버티고 있었고, 취업만 하면 이제 숨 좀 돌리며 여유 있는 삶이 가능한가 싶었는데 다시 또 시작이었잖아요? 일 잘하는 사수 김 대리도, 나보다 훨씬 월급 많이 받는 김 부장도 다 똑같이 '뭐 해 먹고 살지?'를 고민할 줄 몰랐을 겁니다.

왕자와 공주가 평생 행복하게 살았다는 게 말도 안 되는 일이란 걸 '막연히'가 아니라 '현실적'으로 알아야 합니다. 내 집 마련도 똑같거든요. '내 집만 마련하면 돼'를 재테크의 종착역으로 생각하면 안 돼요. 이제 막 결혼한 김 대리도 대출을 왕창 받았지만 집이 있고, 처자식을 책임지는 이 시대의 가장 김 부장도 집이 있어요. 하지만 그들도 나와 마찬가지로 밥벌이 걱정이 끝없어요.

우리 삶에는 변수가 너무 많아요. 나이가 들수록 삶의 가치관도 변해서 지금은 만족하는 환경도 어느 날 갑자기 불편하게 느껴질 수 있어요. 그 과정에서 유주택자였다가 무주택자가 되기도 하고, 다시 유주택자가 되기도 해요. 그러니 내 삶을 풍요롭게 만드는 과정을 길게, 그리고 천천히 생각하면 좋겠습니다.

내 집에 살아도
불편할 수 있습니다

　이 책의 앞부분에서 언급했듯 제 첫 집 사당동 반지하 빌라는 실수의 결정체였습니다. 나의 첫 집이란 애정과 별개로 생활하기에 정말 불편했거든요. 물건을 떨어트려 바닥을 상하게 해도 괜찮았고, 가구를 옮기다 벽지에 손상이 가도 신경이 쓰이지 않는 내 집이었지만 딱 거기까지였어요.

　그 외 갖가지 문제들은 해결할 수 없었습니다. 무를 수만 있다면 계약서를 쓰기 전으로 돌아가고 싶었어요. 내 집이 주는 안정감은 잠시였고, 불편함으로부터 벗어나기 위한 전투는 반년을 훌쩍 넘겼죠. 여러 부동산에 집을 내놓고 직접 찍은 예쁜 내부 사진도 여기저기 돌렸습니다. 집을 보러 오는 분들께 열과 성을 다해 집을 보여줬고요.

집이라는 건 실제로 살아보기 전까지는 알 수 없는 것들이 있더라고요. 처음 구경할 땐 안 보였던 하자가 살면서 발견되기도 하고, 들어가 살면서 시간이 지나는 동안 생기는 노후 등의 문제가 생기기도 하고요. 워낙 낡은 빌라여서 그런지 사는 6개월 동안 화장실 타일이 깨지기도 하고, 갑자기 베란다 벽면에 곰팡이가 피기도 하고, 멀쩡하던 창문틀이 뒤틀렸는지 뻑뻑해져 안 열리기도 했어요. 집은 끊임없이 그곳에 살고 있는 사람의 손길을 필요로 하는 존재더라고요. 집에는 '보수와 관리'에 대한 개념이 꼭 들어가야 했던 거였어요.

그래서 많은 사람들이 단독 주택에 대한 로망을 꿈꾸다가도 아파트를 선택하는 것 같습니다. 아파트는 관리실에 연락만 하면 여러 문제들이 알아서 해결되지만(그래서 관리비가 들죠), 단독 주택의 경우에는 사는 사람이 하나부터 열까지 전부 손봐야 하니까요. 이런 부분에 대해 어느 정도 예상을 한 사람은 단점을 뛰어넘는 장점을 바라보고 만족하며 살 수 있는 것이고, 이런 부분을 전혀 몰랐던 사람은 단독 주택이 불편하다고 노래를 하는 겁니다.

저는 아주 오래된 반지하 빌라에서 살아본 거잖아요. 사실 그 집에 들어가기 전 도배, 장판, 보일러 교체, 조명 일괄 교체, 주방 및 화장실 공사 등을 했어요. 그래서 '이 정도면 나름 새 집이지'

라고 착각했어요. 집 안에서만 쾌적하게 있을 수 있다면 집 밖의 외관은 아무 상관없다고요. 하지만 아니었습니다. 그 집에 살 당시, 저는 대중교통이 다니지 않는 시간대에 새벽 방송을 하러 출근할 일이 종종 있었거든요. 좁디좁은 주차장에서 제 차를 가로막은 다른 집 차를 자주 봤어요. 그래서 차주에게 전화를 했는데 받지를 않아서 어쩔 수 없이 택시를 타고 방송국에 가야 했던 적도 몇 번 있었죠. 여러모로 제가 예상하지 못한 불편함이었습니다.

그렇다면 빌라를 팔고 이사한 경기도 외곽 신축 아파트에서의 생활은 편했을까요? 역시 법적으로는 내 집이었지만 30분에 한 대씩 오는 버스, 그 버스를 타기 위해 20~30분은 걸어가야 하는 먼 정류장, 시간을 확인하지 않으면 한참 기다렸다 타야 하는 경전철, 그마저도 시간표에 맞춰 오지 않는 순간들이 참 괴로웠습니다. 그래서 저는 서울에 약속이 있으면 약속 3시간 전부터 외출 준비를 해야 했어요. 층간 소음이나 옆집의 물건 적재는 사소한 애교였습니다.

이렇듯 내 집이어도 여러 가지 불편을 느낄 수 있습니다. 아직 저는 경험하지 않았지만, 아이가 태어나거나 부모님 중 아픈 분이 생겨 모셔야 하는 등 함께 거주하는 가족 구성원의 변화도 내 집을 바꿔야 하는 요인이 될 수 있어요. 2인 가족에게 충분했던 집이 갑자기 비좁아지거나, 라이프스타일이 다른 가족 구성원의 합류로 편한 집의 조건이 달라지는 일들이 있거든요. 게다가 갑자기 일터가 바뀌어 교통이 난감해지는 경우도 무시할 수 없고요. 지금 사는 집이 평생 머물 수 있는 집이라고 생각하면 안 되는 이유입니다. 인생에는 생각보다 다양한 일들이 벌어지고, 그로 인해 삶의 변화 역시 예상치 못한 방향으로 흘러갈 수 있어요.

저는 제 집이었던 사당동 반지하 빌라가 마음에 들지 않아 사당동 구축 아파트의 전세를 살아보았고, 경기도 외곽의 자가 아파트가 불편해 1기 신도시에서 전세를 구했습니다. 반지하 빌라에서 전셋집으로 이사 갈 땐 무조건 관리가 편한 아파트를, 경기도 외곽의 아파트에서 전셋집으로 옮길 땐 무조건 교통을 봤어요. 거주의 편리성부터 확보하기 위해 1가구 0주택인 무주택자의 길을 선택한 것입니다. 그렇다면 내가 원하는 조건의 집에 사는 동안 과연 만족할 수 있었을까요?

남의 집에서 산다는 건,
참 조마조마하다는 것

쓰읍, 하아~

잠깐 한숨부터 쉬고 시작할게요. 남의 집에서 사는 것도 쉬운 일이 아니더군요.

첫 번째 전셋집이었던 사당동 구축 아파트에서는 저보다 두 살 많은 집주인이 유세를 떨었습니다. 그 집은 1990년대에 준공된 아파트였는데, 세상에! 제가 이사 간 2010년이 될 때까지 아파트 시공 당시 설치한 보일러를 한 번도 교체하지 않았더라고요. 물론 고장이 나지 않는 이상 일부러 바꿀 필요는 없죠. 하지만 하필이면 제가 살던 때에, 그것도 엄청 춥던 한겨울에 고장이 났습니다.

반지하 빌라에 살 땐 그래도 새 보일러를 썼었거든요. 바닥

온도도, 따뜻한 물도 버튼 하나만 누르면 재깍재깍 반응하는 보일러를 쓰다가 오늘내일하는 보일러를 쓰려니 여간 불편한 게 아니었습니다. 그러다 결국 고장이 났던 거예요. 한겨울에 찬물로 겨우 샤워를 마친 다음 집주인에게 전화를 했습니다.

나   안녕하세요? 세입자예요. 저… 보일러가 고장이 났는데, 아무래도 고쳐주셔야 할 것 같아요.

주인   그런 건 웬만하면 세입자가 알아서 고치지 않나요?

나   7년 이내의 제품이 고장 나면 세입자 과실로 보고 직접 고치는 게 일반적이지만, 그 이상이면 노후가 원인이라 집주인이 고치는 거라고 알고 있어요.

주인   저기요! 인생 그렇게 사는 거 아니에요!

집주인 말은 무릇 세입자라면 어지간한 손해는 보며 살 줄 알아야 한다는 뜻이었을 거예요. 저도 아는 들었죠. 그런데 저 말을 듣자마자 저도 모르게 본능적으로 통화 종료 버튼을 눌러 버렸어요. 제 입에서 험한 말이 튀어나올 것 같았거든요. 순식간에 일어난 일이라 전화를 끊고 나서 저도 적잖이 당황했던 기억이 납니다. 그리고 간신히 감정을 가라앉힌 후에야 침착하게 보일러 수리 계획에 대해 문자를 보냈습니다.

당시 저는 경기도 외곽 멀리에 있긴 했지만 어쨌든 부부 소유의 아파트를 보유하고 있었고, 그곳에 세입자를 들인 상태였잖아요. 만약 집이 아예 없는 상황에서 인생 그렇게 살지 말라는 집주인의 말을 듣게 됐다면, 가슴에 두고두고 큰 상처로 남았을 것 같아요. 그때 내 집이 있다는 사실이 얼마나 위로가 됐는지 몰라요. 참고로 말씀드리면, 다행히 집주인은 보일러 수리 비용을 지불했습니다. 그렇게 한동안 연락을 주고받을 일 없이 지내다 저는 전세 계약 만료를 앞두고 집주인의 전화를 받게 되었습니다.

주인 재계약하실 건가요? 재계약하실 거면 전세보증금 '3천만 원'을 올려주셔야 해요.

나 아뇨. 저는 계약 끝나면 '제 집'으로 들어갈 거예요. 재계약 안 합니다.

이때도 제 소유의 집이 있다는 사실이 너무 감사했어요. '제 집'으로 들어간다고 말했을 때 은근히 힘을 실어 대답한 걸 집주인도 눈치챘을까요? 어쨌든 남의 집에서 사는 것도 쉬운 일이 아니라는 걸 두 번의 통화를 통해 경험했습니다.

경기도 외곽의 아파트를 팔고 완전한 무주택자가 되어 1기 신도시에서 전세를 살게 되었을 때에도 불편한 점은 있었어요. 특별히 유세를 떠는 집주인은 아니었지만, 고양이를 키우는 저희 부부를 상대로 '반려동물이 집을 손상시킬 시 100% 원상 복구'라는 특약을 추가했거든요. 그건 특약이 아니더라도 당연히 제가 물어줘야 하는 부분이 맞습니다. 지극히 상식적인 요구라고 생각해요.

다만 고양이와 함께 산 지 얼마 되지 않았던 저는 고양이가 얼마나 사고를 칠지 전혀 알 수 없었어요. 그래서 그 집으로 이사를 가기 직전 카펫만 9장을 샀습니다. 혹시라도 고양이가 뛰면서 마룻바닥에 스크래치를 낼까 걱정이 되어서요. 실제로 살아보니 고양이가 뛸 때 발톱으로 긁는 정도로도 마룻바닥은 스크래치가 나더군요. 그 집의 마룻바닥이 유난히 무른 편이라 더 그랬어요.

그 사실을 알게 된 후 저희 전셋집은 여기저기 카펫이 깔린 집이 되었습니다. 청소할 때마다 카펫의 먼지를 털고 개고 다시 까는 과정은 고역이 따로 없었습니다. 워낙 신경 써서 조심히 생활한 덕분에 나중에 이사할 때 제가 따로 물어줄 부분은 없었지만, 집을 조심스럽게 써야 하는 불편함이 너무 컸어요. 그래서 다시 내 집 마련으로 방향을 틀었습니다. 집을 험하게 쓰고 싶었던 건 아니지만 집에 적당한 흠집 정도는 생겨도 마음 편히 살고 싶어서요.

내 집을 사야겠다고 결심한 또 다른 이유는 집주인 아들의 결혼 계획 때문이었어요. 처음 그 전셋집을 계약할 때 집주인이 그러더라고요. 아들이 결혼하면 저희 부부가 계약한 집에 들어와 살게 한다고요. 물론 계약 기간 중에 내쫓는단 말은 아니었지만 어쩐지 오래 살기는 힘들겠다는 생각이 본능적으로 들었어요. '딱 2년만 살겠구나' 싶었죠. 처음부터 안정적인 마음으로 거주하기는 글렀던 겁니다. 그러니 얼른 내 집을 마련하고 싶다는 마음이 들 수밖에요.

많은 사람들이 전월세를 사는 동안은 가급적 집주인과 연락하고 싶지 않을 거예요. 그 연락의 절반 이상이 계약을 종료하겠다거나, 전월세를 올리겠다는 내용 아니던가요? 전월세도 장점이 분명 있긴 하지만, 남의 집에 산다는 건 내 계획대로 주거 플랜을 짜기 어렵다는 불안함을 포함해요. 2020년 7월 31일부터 시행 중인 임대차 3법을 통해 계약갱신청구권을 행사하면 총 4년까지 전세로 거주할 수 있게 되었다고는 하지만, 어쨌든 그 이후엔 주거 공간을 또 구해야 하잖아요. 그러니 전월세를 사는 동안에도 기회가 된다면 내 집을 사고 싶은 게 당연한 소망 아닐까요?

집주인도
신경 쓸 게 많습니다

내 집에서 사는 것도 불편할 때가 있고, 남의 집에서 사는 것도 만만치 않지만, 집주인으로 사는 것도 나름의 고충이 있더라고요. 저는 경기도 외곽에 위치한 아파트에 2년간 전세를 주었는데요. 세입자가 비상식적으로 나와도 제대로 따져보지도 못했습니다. 가장 컸던 갈등은 계약 기간 종료 전에 전세 보증금을 돌려달라던 요구였습니다.

세입자 저 9월에 나갈 거니까 그때 돈 빼주세요.
나 계약 만료는 11월인데요?
세입자 이사 갈 집도 겨우 구했어요. 그때 잔금 치르지 않으면 안 돼요.

나   저는 계약 기간 맞춰서 돈을 준비할 수 있어요.

세입자   돈 미리 안 해주셨다가 제가 이사 갈 집 못 구해서 이 집에서 안 나가면 어쩌려고 그러세요?

나   하아… 알겠습니다.

저 협박받은 거 맞죠? 어차피 줘야 하는 돈, 다투기 싫어서 간신히 보증금을 마련해 세입자에게 돌려주고 저희 아파트는 약 2개월 동안 빈집으로 둘 수밖에 없었어요. 세입자가 짐을 뺀 후에 확인하니 집도 많이 망가져 있었습니다. 저에게 아무런 말도 안 하고 벽걸이 TV를 달았다가 뗐고(대리석 아트월에 콘크리트 못 구멍이 숭숭), 식탁 자리와 안방 벽 곳곳엔 못을 박았던 흔적이 남아 있었어요. 문이란 문엔 모조리 꽃무늬 스티커를 붙인 후 떼지도 않았더군요. 그 세입자가 아파트 첫 입주자였는데 마룻바닥 곳곳이 썩어 있었습니다. 화분에 물을 줄 때마다 넘쳤는지 동그란 화분 자국 그대로 시커멓게 썩었더라고요. 이를 문제 삼자 '원래 그랬었다'는 아주 당당한 거짓말을 들을 수 있었어요. 정말 집주인도 아무나 하는 게 아니더군요.

저희 할머니께서 아주 오래된 단독 주택에 사시는데 잠시 혼자 사실 때 월세 세입자를 둔 적이 있었어요. 그 세입자는 월세도 밀리고 보증금도 다 까먹으면서 같은 집에 사는 할머니를 피하기까지 했습니다. 집을 비워달라 요구하자 오히려 할머니께 위협을 가했다고도 하더라고요. 할머니께서는 그때의 고생을 나중에 이렇게 표현하셨어요.

"월세나 세금 받는 게 전생에 죄지은 사람이라더라. 내 죄가 아주 컸나 봐."

물론 좋은 세입자도 많다는 걸 압니다. 저도 그런 세입자가 되고자 노력했고요. 하지만 모두가 그런 건 아니기에 집주인으로서 고충을 겪는 사람도 있는 거겠죠. 월세를 받는 건물주나 집주인을 불로소득자로 생각하는 이들도 있는데요. 제가 잠시 집주인으로 살아보니 세상에 완전한 공짜란 없는 것 같아요.

어쨌든 저는 비교적 짧은 시간 동안 자가 거주자, 세입자, 집주인 등의 포지션을 경험해보았습니다. 이런 경험을 바탕으로 제가 내린 결론은 하나였어요.

'그나마 크게 불편을 느끼지 않는 내 소유의 집에서 언제든 더 마음에 드는 곳으로 이사를 갈 수 있다는 마음 갖고 살기!'

그래서 지금은 대출을 일으켜 이제까지 제가 살았던 집들 중 가장 만족하는 집을 샀고, 카펫을 깔지 않은 채 고양이와 즐겁게 살고 있습니다. 물론 대출이 없으면 더 좋았겠지만 대출이 무서워 가성비 좋은 집만 찾다 실패하고, 세입자로 마음 불편하게 살기는 싫었으니까요.

우리는 언제쯤 이사를 생각하지 않고 거주할 수 있을까요? 할머니, 할아버지가 됐을 땐 과연 평생 살 집이 나타날까요? 꼭 그렇지도 않더라고요.

저희 시부모님은 두 아들을 모두 장가보낸 후 경기도의 어느 초역세권에 위치한 20평대 아파트에서 남은 생을 보내려고 하셨습니다. 그런데 코로나19가 장기화되면서 집에 머무는 시간이 늘어나자 갑자기 집이 답답하게 느껴지셨죠. 지금 살고 있는 집보다 더 넓은 집으로 이사를 가야겠다는 결심을 불현듯 하셨습니다. 그래서 살고 있던 집을 판 돈으로 구할 수 있는 더 넓은 평수의 집을 찾으셨고, 전철역과 다소 거리가 있는, 같은 지역의 30평대 아파트로 이사하셨어요. 코로나19가 아니었다면 활발한 외부 활동으로 집을 답답해하지도, 이사를 감행하지도 않으셨겠죠. 시어머니도 본인이 이사할 줄은 몰랐다고 하시는데, 결과적으론 지금 선택을 굉장히 만족해하고 계십니다. 솔직히 저도 그래요. 명절이나 제사 때 시댁을 가면 더 넓어진 집 덕분에 예전보다 쾌적하게 있다 올 수 있어 좋더라고요.

그나마 크게 불편을 느끼지 않는 내 소유의 집에서 언제든 더 마음에 드는 곳으로 이사를 갈 수 있다는 마음은 정말 중요한 것 같습니다. 우리 삶에는 생각보다 변수가 많잖아요. 시부모님께는 코로나19가 그랬죠. 그 변수에 따라 내 생각과 가치관도 바뀔 수 있어요. 내 신상에 변화가 생겨 거주지를 옮겨야 할 때마다 그 순간에 맞는 최선의 선택을 하려면 이 사실을 항상 떠올려야 해요. 그리고 그 변화의 과정을 언제든 실행할 수 있다는 마음으로 내 집에 대한 개념을 정리하면 좋겠습니다.

이경자의 Q&A

#선호 #설움 #미래

Q19.
집주인, 세입자, 자가 거주자 중 무엇을 가장 선호하나요?

당연히 자가 거주자로 살고 싶다. 이사 걱정 없이, 온전히 독립된 공간을 소유하길 원한다.

Q20.
집 때문에 서러웠던 경험이 있나요? 이를 통해 배운 점은 무엇인가요?

결혼 문제로 엄마랑 싸울 때면 아빠가 "너 자꾸 그렇게 말 안 들을 거면 내 집에서 나가 살아!"라고 하는데 그 말이 서럽다. 처음에는 장난처럼 들었는데, 자꾸 반복되니 진짜 집 없는 설움이 이런 건가 싶다. 부모님 집이 대궐같이 좋은 것도 아니면서. 내가 더 좋은 집에 살고 싶다.

Q21.
가까운 미래에 일어날 삶의 변수는 무엇인가요? 그 변수에 맞는 거주지 변화도 고려하고 있나요?

가까운 미래에 일어날 변수는 내가 진짜 집을 알아보고 회사와 가까운 동네로 이사를 가는 일이 될 것이다.

당신의 Q&A

Q19.
집주인, 세입자, 자가 거주자 중 무엇을 가장 선호하나요?

Q20.
집 때문에 서러웠던 경험이 있나요? 이를 통해 배운 점은 무엇인가요?

Q21.
가까운 미래에 일어날 삶의 변수는 무엇인가요? 그 변수에 맞는 거주지 변화도 고려하고 있나요?

생각 확장

내 집 마련을 위한 골든타임 모색하기

여덟째 그래서, 언제 살 건가요?
아홉째 집값 상승론을 믿나요, 폭락론을 믿나요?
열째 내 집이 생길 가능성, 몇 퍼센트라고 생각하나요?

여덟째

그래서,
언제
살 건가요?

부동산 거래의 첫 단추를 잘 끼우려면 무엇을 해야 하는지 아세요? 바로 시세보다 저렴하게 사는 것입니다. 그래서 괜찮은 급매물을 사는 게 이득인 거죠. 가성비 좋은 집에 속지 말고 진짜 급매물이요. 집주인이 집을 빨리 팔아야 하는 이유가 합당하면 괜찮은 급매물이라고 봐도 좋아요.

남편의 외할아버지께서 몇 년 전, 입지 좋은 신축 아파트를 비교적 저렴한 급매물로 사신 적이 있거든요. 대형견을 키우는 집이었는데 개를 씻기기 편하게 안방 화장실의 변기도 뜯어내고, 개인 취향에 따라 주방 상부장도 전부 없애는 등 일반적이지 않은 인테리어를 했더라고요. 돈이 급했던 그분은 집이 잘 안 팔리자 시세보다 값을 크게 낮췄죠. 이 경우는 괜찮은 급매라고 볼 수 있겠죠?

저도 2019년 4월 경기도 외곽의 아파트를 팔 때 1천만 원이나 집값을 깎아주었어요. 정말 빨리 팔고 싶었거든요. 집주인이 급하게 내놓은 매물이라면 값을 깎을 수 있습니다. 인터넷 최저가 쇼핑 수백 번으로 돈을 아끼는 것보다 부동산 거래에서 급매로 사며 값을 깎는 게 훨씬 큰 이득이에요.

부동산은 심리 싸움이라고 하죠. 더 급한 사람이 지는 게임이란 뜻입니다. 그렇다면 지금 집을 마련해야 하는 여러분은 이 게임에서 유리한 입장일까요, 불리한 입장일까요?

집은 도대체
언제 싸게 살 수 있을까요?

집값이 미친 듯이 오르고 있습니다. 이 글을 작성하던 2020년 하반기 뉴스를 보면 '2020년 주택 구입 비율이 폭증했다', '신용대출 1억 원 이상 받고 집 사면 대출 회수한다', '강남 아파트 신고가 또 경신' 등 자극적인 내용이 가득했습니다. 이런 상황에서 영혼까지 끌어모아 집을 사기가 크게 두 가지 이유에서 망설여집니다.

첫째는 감당하기 어려울 정도로 비싼 집값이고, 둘째는 내가 상투를 잡은 사람이 될까 봐 걱정되기 때문입니다. 그런데 첫째 이유는 사실 웬만한 사람이면 크게 문제되지 않습니다. 집 구매는 수입과 대출 가능 범위를 생각하며 결정해야 하기 때문에 내 능력을 벗어나는 선택을 하진 않죠. 어느 정도 현실 감각만 있다면 언제쯤 얼마를 모아서 행동할지 계산도 섭니다.

하지만 둘째 이유가 참 어려워요. 영끌을 할 여력이 되고 이제라도 내 집 마련에 나서려고 마음을 먹었는데, 지금 집을 사는 게 맞는지 도무지 판단이 서지 않는 겁니다. 누가 봐도 단기간에 집값이 너무 올랐잖아요. 코로나19로 세계 경제가 위태롭다고도 하고 다들 어렵다고 입을 모아 말하는데, 내가 산 다음에도 집값이 버텨줄지 알 수 없습니다. 큰 결심을 하고 가능한 모든 수단과 방법을 동원해 집을 샀는데 갑자기 집값이 폭락하면 어떻게 하나요?

사람들은 '돈만 있으면 못 살 게 뭐가 있나?'라고 생각하지만, 실제로 집을 살 수 있는 돈이 있어도 집 구매를 단박에 결정할 순 없습니다. 집을 산다는 건 생각보다 불안한 일이거든요. 앞으로 집값이 어떻게 될지 모른다는 리스크가 있으니까요. 집값이 떨어지길 기대하고 집을 사는 사람은 아무도 없을 거예요. 하지만 우리는 이미 과거에 빚을 내서 집을 샀는데 집값이 하락해 하우스푸어가 많아졌다는 뉴스가 쏟아지던 것을 보았어요. 특히 저는 아무도 집을 사려고 하지 않아 집값이 떨어지는 것과 동시에 전셋값이 상승하는 상황을 몸소 경험하기도 했죠. 그러니 돈이 있다고 집을 턱턱 살 수는 없어요. 내가 가진 전 재산을 끌어다 집을 사는 건데 혹시라도 상투를 잡게 되면 어쩌나 걱정하지 않을 수가 없는 겁니다.

　이런 사람들의 마음을 공략하기 위해 집을 싸게 살 수 있는 시기에 관한 뉴스가 종종 나오긴 하는데요. 제가 그 숱한 기사들을 읽어보고 내린 결론은 딱 하나예요. 바로 '집을 싸게 살 수 있는 최적의 시기는 아무도 알 수 없다'는 것입니다.

　솔직히 말해서 부동산 전문 투자자를 제외하고(사실 그들의 예측도 종종 빗나가곤 하지만), 실거주 목적으로 집을 산 사람들이 지금처럼 집값이 폭등할 걸 알고 몇 년 전에 집을 저렴하게 샀을까요? 제가 급매처럼 팔아버린 경기도 외곽의 아파트는 제가 살던 7년 동안 꿈쩍도 안 하더니 팔고 나니까 지하철 개통 이슈가 터지면서 1억 원이 올랐어요(최근 거래된 신고가가 그렇고, 지금 이 글을 쓰고 있는 도중 확인한 호가는 2억 원 가까이 올랐네요). 게다가 더 오를 거란 기대감에 매물도 별로 없더라고요. 이런 상황을 예상하고 집을 파는 사람도 없을 거예요. 결국 집 매매는 파는 사람이나 사는 사람 모두에게 리스크를 감수하는 행동이란 겁니다.

　그러니까 여러분, 집은 내가 정말 필요하다 판단했을 때 열심히 살펴본 매물들 중 나에게 잘 맞는 최적의 조건을 갖춘 집을 고르는 게 정답이에요. 앞으로 집값이 더 오를지, 폭락할지는 아무도 모릅니다. 저도 제가 살던 집이 이렇게 오를 줄은 몰랐어요. 그저 제가 이사를 하고 싶을 때 움직인 결과입니다. '언젠간 오르겠지' 하며 불편함을 감수하면서 버티고 싶진 않았기에 전 경기도 외곽의 아파트를 판 선택을 후회하진 않아요. 그 집을 판 돈으로 1년 동안 전세를 살다가 실거주 목적의 집을 샀으니까요.

저 역시 집을 살 때 '앞으로 집값이 떨어지진 않을까?', '내가 제일 비싸게 주고 사는 사람이 되진 않을까?' 하는 걱정을 했던 것도 사실이에요. 그럼에도 집을 살 수 있었던 이유는 내가 원하는, 나와 잘 맞는 집이라는 판단이 섰기 때문입니다. 그래서 집값이 떨어져도 괜찮을 것 같았어요. 어차피 나는 실거주를 위한 집이 필요하고, 지금 사려고 하는 집이 나의 라이프스타일과 제일 잘 맞아 보였으니까요. 집값이 하락하길 기다리는 것보다 내가 필요를 느끼는 상황에서 최선의 매물을 선택하는 게 가장 합리적인 결정이라고 생각했죠. 이런 생각은 지금도 변하지 않았어요. 그 덕분에 저는 집을 살 수 있었고, 나와 잘 맞는 이 공간에서 산 지 1년 가까이 지난 지금까지 마음 편히 살고 있습니다.

전문가들의 말을 듣는 게 답일까요?

앞으로 다주택자들의 매물이 쏟아져 나올 것이란 뉴스를 본 적 있을 거예요. 늘어날 세금이 부담스러워 다주택자들이 2021년 6월 이전에 집을 팔 거라는 전망이 있었죠. 부동산 보유세는 매년 6월을 기준으로 그 시점의 소유자가 내야 하거든요. 그러니 6월 이전에 절세용 매물이 나올 거란 이야기였습니다.

그런데요. 정말 2021년 상반기에 가격이 조정된 매물들이 쏟아져 나올까요? 그렇다면야 다행이지만, 만약 다주택자들이 버티기로 일관하면요? 다주택자들이 전월세를 올리는 것으로 세입자에게 세금을 전가한다는 뉴스도 있지 않던가요? 다주택자들이 집을 파는 대신 증여를 선택했다는 통계도 보도되지 않던가요? 그래서 조금이라도 가격이 만만한 곳에 집을 사려는 실거주 목적의 세입자들이 집을 구입함으로써 집값을 계속 끌어올리면요? 그렇게 가격이 너무 올라 '그 돈이면 서울이 낫다'며 다시 서울 집값을 더더욱 끌어올리면요? 이게 뉴스에서 늘 말하는 풍선효과잖아요.

이 책이 출간되고 난 후 그 결과는 정해지겠지만, 중요한 건 이런 예측을 하는 사람들은 자신의 전망이 틀려도 아무런 책임을 지지 않는다는 것입니다. 그들이 항상 덧붙여서 하는 말이 있죠. 모든 판단과 선택은 개인의 몫이라고요. 그렇다면 우리도 이런저런 전망들을 너무 맹신하지 말아야 하는 거 아닐까요? 아무리 전문가들의 조언이 그럴듯해 보여도 그들이 목숨만큼 소중한 내 재산에까지 책임감을 느끼지는 않으니까요.

결국 내 집 마련의 적기는 내가 결정해야 합니다. 단순히 가격만 보고 판단하는 거 아니잖아요. 나의 계획, 재정 상태, 라이프스타일 등을 모두 고려해 결정할 거잖아요. 그러면 여러 정보를 참고는 하되 맹목적으로 신뢰할 필요가 없어요. 그저 내 안의 목소리를 믿고 행동하면 됩니다.

지금
집을 사야 할까요?

종종 건강 관련 뉴스를 읽다 보면 헷갈릴 때가 있어요. 어떤 기사에선 하루에 한두 잔의 커피가 건강에 좋다고 했다가, 또 어떤 기사에선 커피가 위에 부담을 주어 건강을 해친다고 하더라고요. 아침에 먹으면 좋은 음식으로 고구마와 바나나 이야기를 하다가도 또 다른 날에는 고구마나 바나나에 들어 있는 어떤 성분 때문에 공복에 먹으면 안 좋다고 하기도 하고요. 도대체 뭐가 맞는 건지 모르겠어요.

요즘 부동산 관련 뉴스들도 마찬가지 같아요. 너무 혼탁합니다. 어느 아파트는 연일 최고가를 경신했다는 기사가 나오고, 일부 지역에선 4억 원을 내려도 거래가 안 된다는 내용을 볼 수 있습니다. 한 아파트에서도 신고가와 하락한 금액으로 거래된 물건이 뒤섞여 있기도 합니다. 최저가는 지인이나 가족 간의 거래고 최고가는 집값을 끌어올리기 위한 세력이 거래 후 취소하는 경우라고도 하더군요. 물론 모든 거래가 다 그런 건 아니겠지만, 어쨌든 무엇 하나 쉽게 믿기 어려운 건 맞아요.

제가 계속 반복해서 잔소리처럼 말하고 있는 게 있죠? 이런 소식에 일희일비하지 말라고요. 내가 사고 싶은 집의 현재 시세가 얼마인지 그 추이는 계속 지켜봐야 하겠지만, 그 이상의 전망에 너무 휘둘리지 마세요. 제가 넷째 질문의 생각 보드 페이지에서 여러분의 가용 예산과 원하는 동네, 주거 형태 등을 물었죠? 그때 구체적으로 답변을 했다면 여러분은 크게 흔들리지 않을 수 있을 거예요. 한 부동산 전문가가 이런 말을 했어요.

"지금 집 사야 하느냐고 묻는 분들이 많은데, 그 질문에는 집을 사고 싶다는 욕구가 이미 깔려 있습니다."

여러분도 궁금했죠? 지금이라도 집을 사야 하는지 말이에요. 그런 질문을 하는 여러분의 마음속에는 집을 사겠다는 욕구가 이미 존재하고 있답니다. 여러분은 그 욕구를 의지로 바꾸어 반드시 집을 사게 될 거예요. 언제 살까 고민할 시간에 절약과 저축, 투자를 더 열심히 하는 게 낫습니다. 그리고 스스로 판단한 시기에 행동하세요. 내 소유의 집은 그렇게 쟁취하는 겁니다.

이경자의 Q & A

#부동산이슈 #전문가의말 #타이밍

Q22.
부동산 이슈 중 나를 가장 심란하게 하는 주제는 무엇인가요?

집값이 오른다는 뉴스와 계속 발표되는 부동산 관련 정책 때문에 불안하다. 나름 열심히 회사를 다니고 있는데, 이번 생에 내 집을 구할 수나 있을까?

Q23.
자꾸만 나를 가로막는 주변의 말이나 전문가의 말은 무엇인가요?

월급을 한 푼도 안 쓰고 12년을 모아야 집을 살 수 있다는 말을 들을 때마다 힘이 빠지는 건 사실이다. 그 기간이 점점 늘어나는 것 같기도 하고. 하지만 내가 10억 넘는 서울 아파트를 사고 싶은 건 아니니 통계의 함정에 빠지지 않으려고 한다.

Q24.
그래서, 언제 집을 살 계획인가요?

대출이 끼어 있긴 하지만 얼마 전 자가를 마련한 동료를 보니 나도 당장 사고 싶다. 내가 가진 돈 5천만 원에 대출한 돈으로 원하는 집을 가능한 한 빨리 사고 싶다. 그러나 여건이 여의치 않다면 일단 전세로라도 독립한 후 내 집 마련에 발 벗고 나서보려 한다.

당신의 **Q&A**

Q22.
부동산 이슈 중 나를 가장 심란하게 하는 주제는 무엇인가요?

Q23.
자꾸만 나를 가로막는 주변의 말이나 전문가의 말은 무엇인가요?

Q24.
그래서, 언제 집을 살 계획인가요?

아홉째

집값 상승론을 믿나요, 폭락론을 믿나요?

여러분은 앞으로 부동산 가격이 더 오를 거라 생각하나요, 아니면 하락할 거라 생각하나요? 몇 년간의 집값 상승세를 보면 오를 것 같기도 하고 지금 집값이 비정상적으로 오르는 걸 보면 앞으로 하락하지 않을까 싶기도 하고, 참 헷갈립니다.

부동산 관련 뉴스를 보면 더 모르겠어요. 어디는 신고가가 연일 경신이고, 어디는 몇십 주째 상승 중이며, 또 어디는 전세난 속에서도 나 홀로 하락세라지 않나. 그래도 서울 집값은 오늘이 제일 싸다며 지금이라도 사야 한다 재촉하고, 종합부동산세가 올라 다주택자들이 집을 내놓을 텐데 그것이 집값 하락의 신호탄이 될 거란 말도 있습니다.

여러분은 어느 쪽에 더 마음이 기우나요? 상승론, 아니면 폭락론? 여러분의 믿음이 어디로 기우느냐에 따라 혼돈 속 부동산 시장에서 어떤 선택을 해야 할지 판단이 설 듯합니다.

여기서 중요한 건 정말 냉정해져야 한다는 겁니다. 그런데 의외로 많은 사람들이 부동산 상승론과 폭락론을 지나치게 감정적으로 접하는 듯해요.

"그래서 당신이 무주택자인 겁니다"

요즘 부동산 뉴스에서 영끌이란 말을 참 많이 보게 돼요. 부동산 시장의 큰손으로 20~30대가 떠올랐다죠. 실제로 2020년 주택 최다 매수자가 바로 2030세대라고 합니다. 하지만 집을 사기에 충분한 돈이 있는 게 아니니 영혼까지 돈을 끌어모아 집을 살 수밖에 없었죠. 어떤 사람은 해외여행 다녀오고 남은 현지 돈까지 환전해서 집 사는 데 보탰다고 하더군요. 진짜 있는 돈, 없는 돈 탈탈 터는 게 영끌인가 봅니다. 게다가 이제는 신용대출을 받아 집을 살 때 보태는 것에도 규제가 들어가면서 대출이나 영끌 관련한 뉴스가 더 많이 쏟아지고 있죠.

이런 기사에는 꼭 빠지지 않는 댓글이 있습니다.

⌐ **RE** 그렇게 막차 타다간 골로 갈 거다.

⌐ **RE** 쯧쯧, 그렇게 섣부른 선택을 하다니!

폭락론을 믿는 사람들이죠. 그러면 또 이런 댓글이 달립니다.

⌐ **RE** 그래서 당신이 무주택자인 겁니다.

⌐ **RE** 설마, 정말 집값이 떨어질 거라 믿는 건 아니죠?

집값이 떨어질 거라 믿는 사람들은 무주택자인 경우가 대부분입니다. 떨어질 거라 믿는 것도 믿는 거지만, 사실 떨어지길 바라는 마음이 크죠. 솔직히 고백하자면, 제가 그랬거든요.

코로나19가 막 시작되던 2020년 1월 말, 당시 저는 무주택자였습니다. 코로나로 강연회 스케줄이 줄줄이 취소되고 미리 잡혀 있던 강의들도 연달아 무산됐죠. 여기저기서 무급 휴직이니, 일자리를 잃었느니, 소상공인이 죽어난다느니 경제가 나빠진다는 이야기를 쉽게 들을 수 있었습니다. 그때는 주식도 폭락했거든요. 저는 자연스럽게 집값도 떨어질 거라 기대했어요.

그런데 참 이상하게도 부동산은 하루가 다르게 폭등했습니다. 도저히 이해가 안 갔어요. '아니 다들 먹고살기 힘들다고 하는데 왜 집값이 오르지?', '도대체 무슨 돈으로 집을 사라는 거야?', '집값, 이거 미친 거 아니야?' 오로지 이런 생각뿐이었어요. 집값이 왜 오르는지에 대해서는 알아보지도 않으면서 '제발 집값 좀 떨어져라!' 하고 바라기만 했었죠.

'앞으로 인구가 줄어들 수밖에 없어서 집이 남아돌아 집값도 폭락할 거다', '지금 빚내서 집 사면 어떤 일이 벌어지는지 아느냐', '지금 집 사면 평생 후회한다' 등의 듣고 싶은 이야기에만 귀를 기울이기도 했습니다. 얼핏 들으면 그 말도 맞는 것 같았거든요. 지구 폭망의 날, 부동산 대폭락의 시대가 하루빨리 왔으면 싶었어요.

제가 생각해도 당시 너무 감정적이었던 것 같습니다. 데이터와 정보를 분석해 폭락론을 믿는 게 아니라 그저 막연히 바라기만 했으니까요. 그러다 패닉에 빠졌습니다. 계속 집값이 오르자 더 이상 내가 가진 돈으로 집을 살 수 없을 것 같다는 불안함이 극에 달했죠. 이 또한 지나치게 감정적으로 제 마음이 흔들린 순간이었습니다.

마음이 불안으로 가득 차면 아무것도 할 수 없게 됩니다. 무엇이 맞는지 판단도 못 하고, 남들이 하는 말에 이리저리 흔들리기 쉽거든요. 결국 부정적인 생각만 하다가 이도저도 아닌 상황에 빠집니다. 그런 이유로 무주택자로 사는 시간이 길어지길 바라는 분은 없겠죠?

저도 그랬어요. 그래서 폭락론이든 상승론이든 아예 귀를 닫고 그냥 제가 원하는 집을 기획하고 그런 집을 찾아 계약하고 이사했습니다. 폭락론이든 상승론이든 그걸 전망하는 게 중요한 게 아니란 생각을 했거든요. '어차피 그 누구도 100% 맞히지 못한다', '더 이상 감정적으로 반응하지 말자' 다짐한 덕분에 가능했던 일이라고 생각합니다.

여러분도 폭락론이나 상승론에 지나치게 감정적으로 대응하지 않길 바라요. 그보단 여러분이 지금 제일 원하는 게 무엇인지를 찾는 게 더욱 중요하니까요. 그렇게 나에게 집중하는 편이 내 삶에 훨씬 도움이 됩니다!

집을 가진 사람들의
끝없는 욕망

'전국 집값 싹 다 폭삭 주저앉아라!'

매일 아침 정화수를 떠놓고 비는 심정으로 고사를 지내던 저는 2020년 늦봄에 일찌감치 패닉에 빠져 집을 샀습니다. 그나마 다행인 건 과거 몇 번의 매매 실패 경험을 토대로 비교적 마음에 드는 집을 골랐다는 점입니다. 저는 여기서 모든 게 끝난 줄 알았어요. 무주택자에서 유주택자가 되었으니, 이제 마음 편히 지내기만 하면 되는 줄 알았죠. 그런데 거기서 끝이 아니었습니다.

솔직하게 고백합니다. 저도 모르게 부동산 기사가 눈에 띌 때마다 광클을 하고 있었어요. '집값이 더 올랐으면 좋겠다'는 마음으로 그 기사들을 읽는 저를 인식하고 얼마나 놀랐는지 몰라요. 사람 마음이 이렇게 간사합니다. 무주택자였을 땐 집값 다 폭락하길 빌어놓고 집을 사고 나니까 우리 집만은 오르길 바라며 집 값을 체크했으니까요.

폭락을 바랄 때는 교통 호재나, 1인 가구의 증가 추이, 신축 아파트 공급 부족 등의 이야기를 귓등으로도 듣지 않았어요. 그런데 어느새 그런 이야기에 귀를 쫑긋하는 절 발견했죠. 사람이 변하는 건 그야말로 한순간이었습니다. 실거주 목적으로 집을 산 사람도 내 집 가격이 오르길 바라는 건 어쩔 수 없나 봅니다(이런 간사한 인간 같으니라고!).

└ RE   △△ 지역은 지금도 저평가야. 더 올라야 해.
└ RE   두고 봐라. 여기 앞으로 날아간다.

누가 봐도 집 가진 사람들의 댓글이죠. 물론 저도 영끌을 해서 마련한 집이기에 집값에 민감하지 않을 수는 없었습니다. 다만 이런 이야기를 보고 고개를 끄덕이는, 갑자기 변해버린 저의 돌변한 태도에 놀라지 않을 수 없었던 거죠. 결국 폭락론과 상승론은 면밀한 분석이 아닌 저마다의 이익 앞에서 막연히 바라는, 지극히 감정적인 소망의 탑이라는 생각이 들더군요.

집이 없든 있든, 내가 처한 상황에서 나에게 유리한 쪽으로 반응하는 처절한 감정의 동물이 되어본 후에야 저는 더 이상 부동산 앱을 보지 않게 되었습니다. 실거주 목적으로 집을 산 사람에게 단 한 채뿐인 집은 마음 편히 머무는 공간 그 이상도 그 이하도 아니거든요.

집값이 오르면 세금만 올라서 부담스러워요. 어차피 다른 집들도 다 올라서 이렇다 할 의미도 없고요. 집값이 떨어져도 괜찮습니다. 다른 집들도 떨어질 텐데, 내 집 팔아 다른 집 이사 가는 게 뭐 그리 어렵겠습니까? 그러니 부동산 뉴스에 일희일비할 시간에 나에게 꼭 맞는, 실거주 목적에 부합하는 내 집 마련에 집중하는 게 훨씬 생산적이죠.

이런 생각에 다다른 후 제가 사는 집을 둘러보았습니다. 그랬더니 제 라이프스타일에 딱 맞는 소중한 공간이 눈에 들어오더군요. 앞으로 집값 따위 어떻게 변해도 상관없는 그런 소중한 공간으로서의 제 집 말이에요. 그렇게 저는 줏대 없이 흔들리는 제 감정을 다잡고 마음의 평화를 얻을 수 있었습니다.

이 책을 읽고 있는 여러분도 그런 공간을 원할 거라 확신해요. 그러니 폭락론이나 상승론에 크게 반응하지 않아도 됩니다. 우리가 하려는 거래는 투자를 위한 부동산 매매가 아니니까요. 결국 내가 원하는 집을 구체적으로 그려보는 것만이 최선의 해답인 겁니다.

부동산 시장 역시 수요와 공급에 좌우되는 곳입니다. 언젠가

주택 공급량이 많아지고 수요가 줄게 되면 당연히 집값도 조정될 거예요. 이건 누구나 아는 상식이죠. 집을 샀다고 해서 계속 집값이 올랐으면 좋겠다는 막연한 마음도 무조건 폭락을 바라는 것만큼이나 이상하다는 걸 알아야 합니다. 그러니 집값이 떨어져도 상관없는, 나에게 가치 있는 집을 찾으세요.

'이거라도 사야지' 하면서 집 사면 반드시 후회합니다

 극과 극은 통한다고 하죠? 패닉 바잉이 들불처럼 번지기 전부터 엄청난 패닉에 빠졌던 저는, 계속해서 쏟아지는 패닉 바잉 관련 뉴스를 보고 나서야 정신을 차렸습니다.

 부산과 김포가 비규제 지역으로 남았을 때 엄청나게 급등했죠? 오죽하면 '김포'가 아니라 '금포'라고 불렀겠어요. 그런데 부산과 김포가 규제 지역으로 묶이면서 남아 있는 비규제 지역이었던 파주가 뜨거운 시장으로 떠오르기도 했습니다. 여기를 누르면 저기가 부풀고, 또 저기를 누르니 다른 곳이 부푸는 풍선효과였죠. 그 현상을 지켜본 후 번쩍 정신이 들었습니다.

 무슨 말이냐고요? 저는 파주를 잘 알거든요. 네, 제가 계속 언급했던 경기도 외곽 아파트가 바로 파주에 있었어요. 무려 제가

7년 동안 살았던 지역이죠. 2019년 늦봄, 저는 그 집을 헐값에 던지고 나왔어요. 2010년 입주 당시 분양가보다 떨어진 집값이 제가 그 집을 팔았던 2019년이 되도록 변동도 없었거든요.

집값이 오르지 않은 이유가 다 있었겠죠? 제가 오랫동안 살면서 겪은 불편과 똑같은 이유라고 할 수 있습니다. 저는 그 지역의 불편한 교통 때문에 일하는 데 큰 지장을 받았어요. 그 문제를 하루빨리 개선하는 게 집값이 오를 때까지 버티는 것보다 훨씬 중요하다고 판단했습니다. 그래서 제가 내놓은 가격보다 1천만 원이나 깎아달라는 매수자에게 1분도 고민하지 않고 그러겠노라 답할 정도였죠.

그랬던 그 집이 지금 제가 팔았던 금액보다 무려 1억 원이나 비싸게 거래가 됐고, 호가는 2억 원 넘게 형성되어 있더군요. 절대 안 오를 줄 알았던 그 집이요. 게다가 그 근방에 위치한 신축 아파트는 전용 면적 $84m^2$ 기준 10억 원까지 호가가 나왔다고 해요.

배가 아파 이런 말을 하냐고요? 아뇨. 진심으로 아닙니다. 저는 조금이라도 교통이 편리한 곳으로 이사를 감행했던 것이었고, 2019년 늦봄부터 지금까지 그 지역보다 편리한 교통 인프라를 이용하며 살고 있어요. 삶의 만족도가 대폭 상승했습니다. 하지만 파주 지역은 제가 아파트를 팔았을 때와 달라진 게 없어요.

집값이 올랐다 해도 다시 그 불편을 감수하고 싶진 않습니다. 그리고 다시 한번 패닉 바잉에 대해 생각해요. 집은 '이거라도 사야지' 하는 마음으로 매매하는 게 아니라는 것을요.

집값이 싸고, 비싸고를 판단하는 명확한 기준은 '내가 잘 아는 지역'일 때 결정되는 것 같습니다. 제 지인은 5년 전 김포의 한 미분양 아파트를 분양받았는데요. 당시 안 좋은 집을 사서 어쩌느냐는 주위의 시선을 받았지만, 그녀는 해당 지역을 아주 잘 알았기에 조금도 걱정되지 않았다고 합니다. 지금은 그 아파트가 분양가보다 세 배나 올랐다고 하더라고요. 잘 아는 지역이라 좋은 집이라는 걸 알아봤을 뿐인데 집값 상승으로까지 이어져 예전에 불필요한 잔소리를 했던 사람들의 목소리가 쏙 들어갔다고 하네요.

결국 패닉은 내가 잘 모르는 상황에서 막연한 두려움이 찾아올 때 빠지게 되고, 냉정함은 내가 잘 아는 지역에서 벌어지는 사정을 파악할 때 되찾게 되는 듯합니다. 그러니 여러분, 불필요한 패닉은 이제 그만 접어두세요. 폭락론과 상승론 사이에서 우왕좌왕하지 마세요. 내가 잘 아는 지역을 늘리면서 냉정함을 유지해주세요. 그래야 '내가 모은 돈'과 '용기를 내서 일으킨 대출'이란 재산을 소중하게 지킬 수 있습니다. 결국 냉정한 판단만이 후회 없는 선택을 만듭니다. 저는 여러분을 믿어요!

tip 조급함 때문에 마음에 안 드는 집을 샀을 때

첫 집을 살 때 저는 많이 조급했어요. 30살 넘기 전에 1억 원을 모아 내 집을 사겠다는 목표에 매몰된 나머지, 시간을 두고 충분히 고민하지 못했거든요. 하루라도 빨리 목표를 달성하고 싶다는 그 조급함이 좋지 못한 결과를 불러왔다고 생각합니다.

패닉 바잉이란 단어를 쉽게 찾아볼 수 있는 부동산 시장에서도 조급함 때문에 후회하는 일이 종종 생길 텐데요. 여러분, 괜찮습니다. 우리는 실패를 통해 같은 실수를 반복하지 않는 법을 학습해나가니까요. 괜찮은 줄 알고 샀던, 하지만 나와 잘 맞지 않았던 집이었지만 결국 임자가 나타납니다. 저도 그렇게 두 번의 매도를 했잖아요. 그리고 그 경험을 통해 나와 잘 맞는 집을 찾는 법을 배웠잖아요. 그러니 불안한 마음에 아무것도 안 하는 선택을 하진 않으면 좋겠어요.

최선의 선택을 위해 신중한 것과 불안함에 아무것도 안 하는 걸 혼동하면 곤란합니다. 저 역시 실패를 인정하고 더 나은 방향으로 수정하는 과정에서 많은 걸 배웠다고 생각해요. 만약 제가 불안함을 신중함이라 착각해 그 어떤 부동산 거래도 하지 않았다면 지금도 무주택자이거나, 불편을 견디며 오래된 집에서 살고 있었겠죠. 그러니 여러분! 실수를 너무 두려워하지 마세요. 우리에겐 다음 기회가 있습니다.

> **tip** **잘 아는 지역을 늘리고 싶을 때**

저는 제가 잘 아는 지역의 부동산 이슈를 접하고 평정심을 되찾았잖아요. 이처럼 잘 아는 곳에서 벌어지는 일의 경우 그 현상이 정상인지 아닌지를 나의 기준에서 평가하기가 수월한데요. 문제는 우리가 잘 아는 지역이 한정적이라는 겁니다. 평생 내가 살던 동네에서만 지낼 거 아니잖아요. 그러면 내가 아는 지역을 차차 늘려봐야죠.

우선 일터가 새로운 영역을 확대해주는 좋은 기회가 되겠죠. 또 친구와 약속을 잡는다면 내가 사는 지역 가까이로 하지 말고, 적극적으로 낯선 동네에서 만나보는 것도 좋습니다. SNS에 힙하다고 알려진 동네도 가보세요. 아는 게 힘이라고 하잖아요. 나에게 익숙한 지역을 늘려가는 것도 나중에 내 집을 고를 때 좋은 자산이 됩니다. 저도 결혼하기 전까지 경기도는 전혀 몰랐어요. 그런데 실제로 살아보니 언덕이 많은 서울 구도심보다 신도시가 산책하기도 좋고 좀 더 쾌적하긴 하더라고요. 이 또한 경험을 통해 알게 된 자산입니다.

1년 동안 세계 여행을 다니면서 낯선 동네가 익숙해질 만하면 이동하는 삶을 살았어요. 음식, 교통, 화폐, 언어 등이 수시로 바뀌어 피곤할 때도 있었지만, 딱 이틀만 지나면 또 익숙해지더군요. 심지어 단골도, 친구도 만들 수 있었어요. 다른 나라의 낯선 동네에서도 조금만 지나면 익숙함을 느낄 수 있는 거예요. 여러분도 여러 지역의 경험치를 자꾸 늘려가보세요. 나중에는 뉴스만 봐도 '아, 거기?' 하는 말이 바로바로 나올 테니까요.

#집값 #조급함 #냉정함

Q25.
집값이 떨어진다면 혹은 오른다면 어떤 이유 때문일까요?

집값이 떨어진다면 인구 감소 때문일 것 같지만, 줄어든 인구 대부분이 서울, 경기에 몰려 산다면 수도권 집값은 더 오르지 않을까 추측해본다.

Q26.
재테크를 하면서 조급함 때문에 일을 그르친 경험이 있나요?

취업한 지 얼마 안 됐을 때 펀드에 가입하라는 추천을 하도 많이 받아서 몇 개월 펀드 투자를 해본 적이 있다. 그런데 자꾸 하락하는 걸 보고 너무 불안해 원금을 손해 보면서 해지했고, 그 후로는 원금 손실이 나는 금융 상품은 근처에도 가본 적이 없다. 돈을 잃었을 때 아예 주식 공부를 했으면 어땠을까 후회된다.

Q27.
내 집 마련과 관련하여 냉정함을 유지하기 위해 어떤 노력을 할 수 있을까요?

내 의지와 상관없이 보게 되는 포털 사이트의 부동산 뉴스를 의도적으로 멀리할 것이다. 그리고 나의 관심 지역인 성북구, 종로구, 중구 등의 한옥을 실제로 알아보며 현실 감각을 키우겠다. 그 현실 감각이 있어야 절약과 저축, 투자도 가능하다고 생각한다.

당신의 Q&A

Q25.
집값이 떨어진다면 혹은 오른다면 어떤 이유 때문일까요?

Q26.
재테크를 하면서 조급함 때문에 일을 그르친 경험이 있나요?

Q27.
내 집 마련과 관련하여 냉정함을 유지하기 위해 어떤 노력을 할 수 있을까요?

열째

내 집이 생길 가능성, 몇 퍼센트라고 생각하나요?

저는 내 집 마련을 위한 종잣돈 1억 원을 모으려고 꼬박 7년 동안 짠순이로 살았습니다. 물론 지금도 플렉스보단 짠순이에 가깝지만, 1억 원을 위해 폭주하던 그 당시의 저는 눈물 없이는 들을 수 없는 절약과 저축을 꾸준히 실천했어요.

이후 절약과 저축은 저의 콘텐츠가 되었고, 돈 관리 관련 책을 여러 권 출간했으며 그 내용들을 바탕으로 재테크 강의도 꾸준히 할 수 있었죠. 저는 매 강의마다 수강생들에게 이런 질문을 했어요.

"돈을 모아서 뭘 하고 싶으세요?"

이 질문에 대한 답은 대부분 비슷했습니다. '(당장 결혼할 사람은 없지만) 언젠가 하게 될 결혼 자금 마련', '(막연한) 노후 준비', '(언제가 될지는 알 수 없지만) 회사를 그만두게 될 때의 대비' 등의 이유였어요.

여러분, 아주 명확하고 확실한 목표가 있어도 돈 모으는 건 어려워요. 그런데 이런 희미한 목표로 어떻게 돈을 아끼고 저금하나요? 세일하는 화장품을 사면서 돈을 벌었다고 생각하는 게 훨씬 쉬운 걸요. 이런 분에게 저는 이 말을 하고 싶습니다.

"내 집 마련을 목표로 돈을 모아보세요!"

내 집 마련 역시
믿음과 용기의 문제입니다

저는 2013년에 첫 재테크 책《여자의 습관》을 썼습니다. 이후 현명한 소비법, 부부 재테크, 싱글 재테크 등의 내용을 담은 책도 차례로 출간했고요. 그 덕분에 재테크 관련 강의도 꾸준히 진행할 수 있었는데요. 수업을 할 때마다 내 집 마련을 목표로 삼고 돈을 모으라는 조언을 건넸습니다. 대다수의 수강생들은 어떤 반응을 보였을까요?

"집이요? 제가요?"

거의 대부분의 사람들이 이렇게 반문하더군요. 이해는 합니다. 특히 사회초년생일수록 월급을 받은 지 얼마 되지 않았기에 내 소유의 집이란 건 멀고도 먼 미래라는 생각이 들었을 거예요. 게다가 집값이 좀 비싼가요? 감히 귀여운 월급을 받는 내가 집을 살 수 있을 거라 생각하지 못하는 경우가 대부분이었습니다.

진심으로 속상했어요. 나름 저렴한, 그래서 감당 가능한 집을 살 수도 있을 텐데 한 번도 생각해보지 않은 탓에 무작정 겁내는 모습이요. 제가 볼 땐 매달 안정적으로 나오는 월급으로 대출도 잘 갚을 수 있을 것 같은데 말이죠.

그래서 오지랖을 부려 1억 원으로 살 수 있는 집을 구체적으로 알려주기도 했습니다. '그 집이 무조건 좋으니 사라'는 게 아니라 실제로 그런 집도 있다는 사실을 전해주고 싶어서요. '나도 집을 살 수 있구나!' 하는 생각을 할 수 있게 도와주고 싶었거든요.

저도 1억 5천만 원짜리 집을 사봤잖아요. 그 집이 좋고 나쁘고를 떠나서 집 매매의 경험을 한 후 자가 소유자가 된 저는 엄청난 삶의 자신감을 얻었습니다. '적은 월급이라도 내가 경제활동을 하고 있고, 그 돈으로 내가 원하는 걸 살 수 있구나(낡고 오래된 반지하 빌라지만 내 집을 갖겠다는 꿈을 이뤘으므로)' 하는 생각이 저를 에너지 넘치게 만들었거든요.

게다가 집을 사고파는 과정에서 목돈을 만져볼 수 있었잖아요. 1억 원을 모았고, 1억 5천만 원짜리 집을 7,500만 원 전세를 끼고 샀어요. 나중에 세입자에게 전세금을 돌려준 후 집을 팔고는 1억 5천만 원을 받았죠. 만약 1억 원을 모아서 집을 사지 않았다면 그 돈이 흐지부지 사라졌을지도 몰라요. 기분 낸다고 이자부터 써버리고, 원금 1억 원 중에 100~200만 원은 써도 티도 안 난다며 허물어버리는 등의 행동을 했을지도 몰라요.

하지만 집을 매매해보니 목돈이 고스란히 지켜졌어요. 안타깝게도 집값 상승의 기회를 얻지는 못해서 겨우 본전만 건졌지만, 그래도 그 목돈을 지킨 덕분에 2억 원짜리 전셋집도 구할 수 있었죠. 그 집의 전세금으로 경기도 아파트의 20년짜리 대출금도 갚았고요.

많든 적든 어쨌든 돈을 벌고 있는 2030들이 실제로 이런 경험을 해봤으면 좋겠어요. 그 과정에서 이제껏 한 번도 해보지 못한 새로운 생각도 하게 되고, 스스로를 믿게 되는 긍정적인 변화를 느껴볼 수도 있거든요. 집을 사라고, 살 수 있다고 말한 저의 조언을 들은 수강생들은 과연 어떻게 행동했을까요?

그때 제 말을 듣고 용기를 내서 집을 산 덕분에 지금 상당한 시세 차익까지 얻은 수강생의 이야기를 들려드리고 싶지만, 안타깝게도 그런 사례는 없네요. 여전히 집을 사는 일은 감히 꿈도 꿀 수 없는 비현실적인 일이라고 믿기 때문일 겁니다.

할 수 있다고 생각하면 할 수 있고, 할 수 없다고 생각하면 할 수 없어요. 비록 미숙한 실수로 선택한 반지하 빌라였지만 저는 할 수 있다고 생각했기에 제 명의로 된 집을 살 수 있었습니다.

아나운서 일을 막 시작했을 때 케이블 방송국에서 받은 저의 월급은 100만 원대였고, 더 큰 방송국으로 옮긴 후에 받게 된 월급도 한동안 100만 원대였어요. 점차 시간이 흐르며 앞자리가 바뀌긴 했지만 그 속도는 한없이 더뎠고, 제 월급은 상당히 오랫동안 작고 귀엽기만 했습니다.

그래도 저는 그 돈을 차곡차곡 모았어요. 진심으로 내 집을 사고 싶었고, 살 수 있다고 생각했으니까요. 그 진지한 생각이 29살에 내 집을 마련할 수 있게 해주었다고 봅니다. 돈을 모으는 긴 시간 동안 그 생각이 흔들린 적은 없었냐고요? 아뇨. 저에게 집은 막연한 소망이 아닌 반드시 필요한 '생필품'이었거든요. 돈 태기가 잠시 올 때는 있었지만 집 사는 걸 포기하겠다는 생각은 조금도 들지 않았습니다.

여러분은 집에 대한 생각이 어느 정도로 확고한가요? 나에게 부족한 건 돈이 아니라 믿음과 용기가 아닌지 점검이 필요한 때입니다.

아직
늦지 않았습니다

 내 집을 살 수 있다고 생각하기엔 상황이 너무 변했고 현실은 녹록지 않다고 생각할 수도 있습니다. 최근 부동산 시장이 단기간에 급등했기 때문에 제가 생각해도 '내가 과연 집을 살 수 있을까?' 하는 회의감을 느낄 수 있다고 봐요.

 하지만 여러분, 그 판단을 부동산 관련 뉴스만 보고 한 건 아닌가요? 집을 사기 위해 발품을 팔아보고 그런 결론을 내린 게 맞나요?

 제가 참 인상 깊게 읽은 책《오늘부터 돈독하게》의 김얀 작가는 2019년 여름이 지나고 경기도 부천역 근처에 위치한 2007년식 42m^2의 빌라를 1억 2,500만 원에 샀습니다. 물론 대출을 받았죠. 대출금은 그 집을 셰어하우스로 운영하며 성실히 갚고 있어요. 약 13평 정도 되는 김얀하우스는 방이 3개입니다. 자신은 거실에서 지내며 3개의 방에 3명의 세입자를 들였어요. 세입자들은 큰방 35만 원, 작은방 2개 각각 30만 원의 월세를 내고 있고요. 그 돈을 모두 합치면 매월 95만 원의 수입이 생기는데요. 그 돈은 김얀 작가의 안정적인 대출금 상환 역할을 든든하게 담당하고 있습니다.

학부모들이 선호하는 학군 덕에 집값 비싸기로 유명한 서울시 양천구 목동에도 1억 원대 초반의 집이 있습니다. 작은 빌라들이 모여 있는 곳인데요. 출퇴근하는 직장인들 중엔 그 위치를 마음에 들어 하는 사람 분명 있을 거예요.

내가 확실히 아는 것도 아니면서 사람들이 웅성대는 소문이나 일부 언론 보도 등의 내용만 가지고 전부를 판단하지 마세요. 집값이 많이 오른 건 맞지만 전국의 집들 전부가 갑자기 10억 원 넘게 폭등한 건 아니잖아요. 실제로 내가 관심 있는 모든 지역에서 손품, 발품을 팔아본 게 아니잖아요.

늦었다고 생각하는 사람은 남들이 자신만의 때를 살피며 준비하고 있는 동안 혼자 포기하고 맙니다. 그런 사람이 되고 싶은 건 아니잖아요. 나의 때는 내가 준비하고 있을 때 찾아온다고 생각하세요. 내가 부정적인 뉴스들에 상심해 있을 때 누군가는 열심히 움직이고 있습니다.

집은 선택이 아니라 필수입니다

'정말 돈이 많다면 굳이 집을 사야 할까?'

이 책의 '들어가며'에서 밝혔듯, 저는 한때 이런 생각을 한 적이 있었습니다. 전세나 월세를 살면 부동산 보유세도 안 내고, 언제든 살고 싶은 곳으로 이사도 하면서 살 수 있지 않을까 싶었거든요. 우연히 신축 아파트로만 이사를 다니는 부잣집 중년 여성의 블로그를 본 것이 그런 생각을 하게 만든 계기였던 것 같네요. 실제로 그렇게 살고 있는 사람이 있다니! 참 놀랐던 기억이 납니다.

그런데 다시 한번 곰곰이 생각해보니, 저는 돈이 많아도 내 집 한 채는 꼭 살 것 같아요. 내 집이 없다는 건 내 의지와 상관없이 인생 계획이 바뀔 수도 있다는 뜻이거든요. 우리 삶에는 예측하기 어려운 변수라는 게 존재하는데, 저는 거주지가 불안정하다는 이유로 그 변수에 휘둘리는 상황만큼은 만들고 싶지 않았어요.

그래서 1년 동안 세계 여행을 할 때도 집을 비운 상태로 다녀왔습니다. 더러는 이렇게 장기 여행을 떠날 때 집을 월세 놓고 여행 경비를 충당하는 사람들도 있다고 들었어요. 하지만 전 여행 중 제게 어떤 일이 생겨 언제 어떻게 한국에 돌아올지 알 수 없다고 판단했어요. 다행히 여행을 멈추고 중간에 집에 돌아올 일은 없었지만, 저는 그때의 선택을 후회하지 않습니다.

저는 그만큼 제가 어찌할 수 없는 상황에 놓이는 걸 싫어하는 성향인가 봅니다. 이러한 저의 성향을 온전히 이해한 후로 내 소유의 집에 대한 생각이 더욱 확고해진 것 같아요. 집주인의 아들이 결혼하면 비워줘야 할 전셋집도 저는 불안으로 느꼈잖아요. 서른을 코앞에 둔 주인집 아들이 언제 결혼할지 모른다는 생각이 수시로 떠올랐거든요. 물론 계약 기간 동안은 거주가 보장된다지만, 계약 기간이 남아 있어도 이사비를 줄 테니 집을 비워달라는 연락에 급히 집을 빼준 분들 꽤 많지 않나요? 법적으로 응하지 않아도 되는 건 알지만 마음이 불편한 건 어쩔 수 없을 겁니다. 그래서 저는 언제든 집을 비워줄 수도 있단 생각을 하며 살았어요. 마음껏 물건을 사지도 못했죠. 살림을 저렴하게 구입할 수 있는 블랙 프라이데이 시즌에도 짐을 늘리면 안 된다는 마음이 저를 우울하게 만들었습니다.

특히 주로 집에서 일을 많이 하는 저와 남편에게 집은 작업실의 개념이기도 해서, 보다 효율적인 동선과 가구 배치로 작업실을 꾸미고 싶었는데 이 또한 세입자로서의 한계를 느낀 적이 많았습니다. 저는 코로나 시국이 오기 전부터 느꼈던 건데, 코로나 장기화로 재택근무가 늘면서 이런 상황에 공감하는 분들이 많아졌다고 생각해요. 공간을 나에게 맞추지 않고 내가 공간에 억지로 적응하면 결과적으로 업무 효율도 떨어집니다. 결국 우리 모두가 원하는 경제적 성장과도 점점 멀어지겠죠.

내 계획에 따라 이사를 가고 싶을 때 이동할 수 있는 자유, 미리 이사를 걱정하지 않고 핫딜 물건을 마음껏 쟁여놓을 수 있는 기쁨, 나에게 최적화된 공간을 구성할 수 있는 권한 등을 온전히 만끽하려면 역시 인생의 필수품인 내 집이 있어야 한다는 결론에 다다를 수밖에 없었습니다.

그 결론에 따라 저는 전세 계약 기간을 1년이나 남긴 시점에 다시 유주택자가 되었죠. 저는 이제 제가 원할 때 이사를 계획할 수 있어요. 이사를 마치자마자 지난날 억누르고 참았던 쇼핑 욕구를 마음껏 분출하기도 했습니다. 작업실 또한 이런저런 동선을 시도한 끝에 저에게 꼭 맞는 최적의 구조로 완성했고요. 그냥 기분 탓이 아니라 정말로 일도 더 잘되고, 결과도 좋아지고 있어요. 집과 맺은 관계가 좋아진 덕분에 제 삶에 더욱 집중할 수 있게 되었다고 생각합니다.

여러분도 제 생각에 동의하나요? 저와 같은 경험을 하고 싶나요? 만약 그렇다면 여러분도 내 집이라는 필수품 장만에 적극적으로 나서보세요. 현실적으로 충분히 가능합니다! 너무 늦지도 않았어요. 혼란스러운 뉴스와 조언들은 마음속에서 몰아내고, 그 자리에 내 집을 마련하겠다는 의지를 단단히 채워주기만 하면 됩니다.

우리 삶에서 집은 어쨌거나 필요합니다. 부동산으로 돈을 번 사람들의 이야기를 귀담아듣지 마세요. 오로지 내가 편히 쉴 수 있는 내 집에만 집중해야 합니다. 더 이상 집은 투자의 대상이 아닙니다. 일과 쉼과 취미 등이 분리된 공간도 아니고요. 내가 충전할 수 있고, 성장할 수 있고, 행복을 마음껏 누릴 수 있는 기능을 하는 곳이 되었습니다. 그러한 내 집을 더 이상 미루지 마세요. 어딘가에 있는 여러분의 집이 하루빨리 주인이 나타나주길 기다리고 있을 테니까요!

#가능성 #손품발품 #집의의미

Q28.
내 집을 마련할 가능성은 얼마나 된다고 생각하나요? 그 이유는요?

100%! 그렇게 믿어야 내 집 마련이 현실로 이뤄진다고 생각한다.

Q29.
내 집 마련을 위해 발품, 손품을 팔며 조사한 적이 있나요? 조사 결과는 어땠나요?

아직 실제로 알아본 적이 없다는 사실이 부끄럽다. 몇 번 검색을 해봤는데 비현실적인 숫자만 대충 보고 그 뒤로 아예 볼 생각도 안 했다. 인터넷 쇼핑 최저가 검색할 때의 반에 반만이라도 시도해봤으면 좋았을 텐데… 이제라도 진짜 발 벗고 나서보려 한다.

Q30.
나에게 집이란 무엇인가요?

나에게 집이란 부모님과 분리되는 진정한 독립이다. 중요한 일을 결정할 때 한 집에 산다는 이유로 엄마에게 많이 물어보는데, 결과적으로 큰 도움이 안 된다고 생각한다. 나도 내 인생을 책임지는 어른이 되고 싶다. 내 힘으로 내 집을 마련한다면 부모님도 내가 바라는 방식으로 나를 대해주실 것 같다.

Q28.
내 집을 마련할 가능성은 얼마나 된다고 생각하나요? 그 이유는요?

Q29.
내 집 마련을 위해 발품, 손품을 팔며 조사한 적이 있나요? 조사 결과는 어땠나요?

Q30.
나에게 집이란 무엇인가요?

나가며

부동산은 막막하고
주식은 어렵고
코인은 두려운 여러분께

저는 주6일 근무가 일상이던 시절에 첫 직장 생활을 시작했어요. 그러다 격주 토요일마다 쉬게 되었고, 어느 순간 주5일 근무가 당연해졌죠. 사무실 자기 자리에서 담배를 피우던 부장님도 계셨고, 머리 염색을 했다는 이유로 그 부장님께 종아리를 까이던 남자 직원도 있었고, 플로피디스켓에 원고를 저장하기도 했고, 직원 둘이서 PC 하나를 쓰기도 했어요. 지금은 정말 상상할 수도 없는 풍경일 겁니다.

세상은 빠르게 변해갔어요. 스마트폰으로 대부분의 업무를 처리할 수 있게 되었고, 노트북만 있으면 언제 어디서든 일을 할 수 있어 회사가 아닌 집에서도 근무가 가능해졌고, 방송국에서만 만들 수 있다고 생각했던 동영상을 누구나 마음만 먹으면 만들 수 있게 되었고, 전 세계의 수많은 정보를 손쉽게 검색할 수 있게 되었죠.

과연 점점 살기 좋은 모습으로 좋아지고 있는 걸까요? 편리함의 측면에서 보자면 그렇지만, 삶의 가치에 대해서 생각해보면 꼭 그렇지도 않은 것 같아요. 이러한 변화에 뒤처지지 않기 위해 너무 많은 노력을 해야 하니까요. 다른 사람들이 다 알고 있는 걸 나만 모르면 안 될 것 같은 마음에 나에게 필요하든 아니든 어떻게든 알려고 애쓰게 되니까요.

이러한 현상은 재테크, 투자에도 나타나지 않던가요? 누가 부동산으로 돈을 많이 벌었다고 하면 나도 부동산을 해야 할 것 같고, 누가 주식으로 대박 났다고 하면 나도 가만히 있으면 안 될 것 같고, 코인 관련 뉴스가 계속 나오면 마음이 조급해집니다. 문제는 내가 부동산, 주식, 코인 등에 관심도 없었을뿐더러 자세히 알아보려 해도 도통 모르겠다는 겁니다.

나는 이제껏 내 할 일 열심히 해왔고, 더 나은 커리어를 위해 자기계발도 하며 나름 노력한 삶이라고 생각해왔지만 어쩐지 세상 물정 모르는 어수룩한 사람이 된 것 같은 느낌만 꽉꽉 들고 맙니다. 누구는 월 1천만 원 수입이 쉽다고 하는데 나는 작고 귀여운 월급을 받으면서 고생만 죽어라 하는 것 같으니까요.

그런데 여러분, 우리 모두 부동산, 주식, 코인 등 유행하는 투자를 해야 할 필요는 없어요. 잘해야 할 필요는 더더욱 없고요. 우리 귀에 들리지 않는 망한 투자 이야기가 셀 수 없이 많이 있습니다. 설마 그 대열에 합류하고 싶은 건 아니죠?

그 어느 때보다 노동의 가치가 퇴색된 요즘입니다. 돈을 벌 수 있는 일이라면 그게 나의 관심사, 커리어, 적성과 상관이 없어도 된다고 여기는 것 같아요. 하지만 정말 이건 아니라고 생각해요. 삶의 목표와 계획이 '무조건 돈 많은 것'이 아닌 이상 우리는 기본적으로 인간관계에서 오는 교류의 즐거움, 도전에 성공했을 때 경험하는 성취감, 즐거운 시간을 보낼 때의 행복 등을 원합니다. 물론 돈이 부족하지 않을 때 이러한 것들이 더 쉽게 다가오는 것도 사실이지만, 돈이 많다고 해서 무조건 얻어지는 것도 아니에요.

결국 우리가 추구해야 할 삶은 돈과 행복의 균형이 아닐까요? 저는 이제껏 행복에 더 큰 비중을 두면서 살아왔습니다. 그래서 원하는 직업을 갖기 위해 노력했고, 새로운 도전에 뛰어들며 시간을 보냈어요. 그 과정에서 경제적인 부분도 균형을 맞추려 절약과 저축을 병행했고, 실거주 목적의 내 집 마련에도 집중했죠. 돌이켜보면 자산 증식의 재테크 기회를 몇 번 잃었던 것도 사실이에요. 저는 갭 투자를 할 만한 돈이 있었지만 관심도, 지식도 없어 아예 시도조차 하지 않았거든요. 주식은 매매 타이밍을 놓처 큰 손해율을 끌어안은 채 8년째 장기 투자를 하고 있습니다.

이런 저와 달리 부동산이나 주식으로 큰돈을 번 사람도 주변에 있긴 해요. 그렇다고 그들을 부러워하진 않으려고요. 저는 그들처럼 부동산이나 주식을 직업으로 삼고 싶은 마음은 없거든요. 그 정도로 올인해도 성공할까 말까 한 게 우리가 흔히 생각하는 투자입니다. 여러분이 만약 그런 투자를 직업으로 삼고 싶을 정도의 관심이 있다면 모를까 그게 아니라면 '남들이 하는 투자를 나도 무조건 해야 한다'는 막연한 조급함은 내려놓으면 좋겠어요.

우리의 삶에서 돈이 중요한 건 맞지만 어떤 방식으로 돈을 벌 것인지는 우리가 선택해야 할 부분이에요. 그 선택의 기준을 남들에게서 찾지 말아주세요. 내가 잘하고 좋아하는 게 무엇인지만 발견할 수 있다면 주식, 부동산, 코인 등이 아니더라도 돈을 벌 수 있습니다. 아마 이 책을 끝까지 읽은 여러분은 저와 생각의 결이 비슷한 분들일 거라 생각해요. 실거주 목적의 내 집을 소중히 여기고, 그 안에서 안정감을 느끼며 내가 원하는 일을 마음껏 하고 싶은 그런 분들이요.

그러니 여기저기서 들려오는 투자 이야기에 너무 흔들리지 맙시다. 인생은 내가 행복한 방향으로 흘러가야 하니까요. 이 세상에 나와 똑같은 사람이 없듯이 나의 행복도 남들과 다르지 않을까요? 여러분의 찐 행복을 응원합니다. 조급한 마음만 버려도 그 행복, 금방 찾을 수 있을 거예요!

RE: 내 집 마련 Q&A

2030세대에게 많이 받았던
내 집 마련 관련 질문을 모아보았습니다

의뢰인들의 하소연

사연자1 계약 만료 3개월 전부터 이사를 가겠다고 집주인에게 연락했지만 제 뒤 세입자가 구해지지 않아 보증금을 못 주겠다고 했어요. 이미 집은 알아봤고 보증금도 내야 하는 상황에서 돈을 못 받으니까 정말 미치겠더라고요.

사연자2 전세로 6년 넘게 살던 빌라 건물 전체가 경매로 넘어가 돈을 못 받을 뻔했던 적이 있어요(다행히 무사히 돌려받았으나 하루하루 피 마르는 날들이었다는…).

사연자3 새 집을 계약하고 계약 날에 맞춰 전세금을 빼달라고 3개월 전에 집주인에게 말했더니 요즘 전세 상황도 안 좋은데 다음 세입자를 구하고 집을 구해야지 그렇게 무턱대고 다음 집을 계약하면 어쩌느냐고, 만기일에 돈을 못 줄 수도 있다고 하더군요. 집이 나갈 때까지 너무 괴로웠답니다.

사연자4 집주인이 돈을 늦게 줘서 다음 집의 계약을 미룬 적이 있었어요.

사연자5 직장 새내기가 되어 작고 소중한 첫 전셋집(원룸)을 얻은 적이 있어요. 비좁은 곳이었지만 정을 붙이고 살고 있는데, 원룸이 있는 건물 전체가 통으로 경매에 넘어가 어느 날 현관문에 법원에서 온 서류가 꽂혀 있더라고요. 지금 생각해보면 임대차보호법상 최우선 변제를 받게 되었을 텐데, 그때는 무섭고 손발이 벌벌 떨렸던 기억이 나요.

사연자6 계약 만료 전에 나오긴 했지만 계약이 끝나도 돈을 돌려주지 않아서 정말 많이 싸웠습니다. ㅠㅠ 경매까지 진행하려 했는데 다행히 최악의 상황이 되기 전에 돌려받았네요. 아직 그 집에 돈 못 돌려받은 세입자들이 많다고 들었는데 너무 화가 나요.

전세보증보험 가입으로 내 보증금을 지키세요!

요즘 전세 구하기가 하늘의 별 따기죠? 전세가 귀해지니 전셋값이 오르면서 일부 지역엔 집값보다 더 비싼 전세가 나타났대요. 일명 '깡통 전세'입니다. 아주 위험한 물건이죠. 내 피 같은 전 재산인 전세 보증금을 떼인다고 생각하면? 상상만으로도 아찔합니다. 그럼 전세 보증금을 지킬 수 있는 전세보증보험에 가입해 보는 건 어떨까요?

전세 계약이 끝날 때 집주인에게 받아야 할 보증금을 내가 가입한 보험의 주체에게 받는 보험인데요. 덕분에 돈을 못 돌려받을까 전전긍긍하지 않을 수 있어요. 보험의 주체는 주택도시보증공사(HUG)와 주택금융공사입니다. 주택도시보증공사, 주택도시보증공사, 주택금융공사, SGI서울보증보험, 위탁 은행 및 위탁 공인중개사무소에서 가입 가능합니다. 가입 가능한 자격 요건이나 가입 조건, 보증 금액, 보험료 보상 한도 등이 조금씩 달라서 나에게 맞는 상품을 알아봐야 합니다.

만약 내가 전세 계약한 집이 임대사업자의 집이라면 의무적으로 보험금을 내야 할 수도 있어요. 2020년 7.10대책에 따라 2020년 8월 18일부터 신규로 등록하는 주택임대사업자는 임대보증금보증보험에 의무적으로 가입해야 하거든요. 이 경우 전체

보험료를 집주인이 75%, 세입자가 25% 나누어 부담합니다.

　사실 전세보증보험은 사라지는 돈이에요. 집주인이 보증금을 안 줄 때 내 보증금을 무사히 받을 수 있는 장치이기는 하지만, 집주인이 제때 돈을 돌려준다면 보험금이 아깝죠. 그래서 일부 부동산 전문가는 조언합니다. 보증보험은 경매로 망해도 회수될 정도의 집만 가입이 가능하지, 경매로 망하면 회수되지 않을 것 같은 깡통 전세는 가입 자체가 안 되니 안전한 집을 계약하면서 괜히 보험료만 날리지 말라고 말이죠.

　그래서 저도 망설였어요. 전세를 살면서 보증보험에 가입하려고 준비한 적이 있었거든요. 전세 1년 만에 이사를 하는 바람에 가입을 하진 않았지만 아까운 보험료와 안전한 보증금 사이에서 꽤나 고민을 했죠. 만약 제가 다시 전세를 살게 된다면 저는 보험에 가입을 할 것 같아요. 사람 일은 모르는 것이고, 안전한 전세를 장담할 수 없으며, 나의 재산에 취할 수 있는 안전장치를 굳이 외면하진 않을 거예요.

Q2.
집주인이
불법을 저지르네요

의뢰인들의 하소연

사연자1 세입자로 살 때 집주인이 주소지를 안 옮기고 본인 우편물을 받으면 부동산에 전달해달라고 했어요. 어르신이긴 했지만 그런 요구를 당연하게 해서 참 황당했습니다. 그걸로 싸웠던 기억이 나네요.

사연자2 올해 5월에 이사를 했는데 집주인 측이 전입신고를 못 하게 했어요. 그래서 제 주소지가 이곳이 아니라 코로나 지원금을 하나도 받지 못했습니다. ㅠㅠ 사회초년생이라 급여가 높지도 않았는데 너무너무 서러웠어요.

이런 집은 계약하지 마세요!

전입신고는 아주 기본적인 세입자의 권리입니다. 전입신고를 막는 건 불법이에요. 집주인이 자신의 주소를 그대로 둔다는 건 해당 지역의 청약 신청 등 여러 이유가 있을 텐데, 한마디로 위장전입에 해당하는 불법입니다.

세입자의 당연한 권리를 행사하지 못하게 막고 자신의 불법을 당당하게 묵인하라고 요구하는 집주인이라면 아예 상종을 하지 말아야 해요. 일이 잘못되었을 경우 그 손해를 나도 함께 감수해야 하니까요. 아니, 내가 왜 그래야 하죠? 게다가 이런 계약을 주선하는 공인중개사라니요? 그런 중개소와도 거래하지 말아야 합니다. 내 보증금에 문제가 생겼을 때 쏙 빠질 게 뻔해요.

Q3.
왜 자꾸 나만 손해를 봐야 하죠?

의뢰인들의 하소연

사연자1 고양이를 키운다는 이유만으로 나갈 때 무조건 청소하고 나가라고 했어요. 들어올 때도 내 돈으로 입주 청소하고 들어왔는데! 이 외에도 뭐만 문제 있으면 세입자가 다 알아서 하라고 하는데 부들부들입니다.

사연자2 저도 보일러가 고장이 난 적 있어요. 근데 세입자가 수리해야 한다는 말만 자꾸 반복해서 어떻게 대처해야 할지 막막했습니다. 전 결국 제 돈으로 고쳤어요.

사연자3 전셋집에서 거주 중인 두 아이의 아빠인데요. 정말 보일러 고장은 곤욕입니다. 나의 잘못이 아닌 보일러 고장인데 집주인에게 이야기하면 알아서 하라는 핀잔만 들어요.

사연자4 원래 고장 나 있던 것을 사진 찍어놓았어야 했는데 아무것도 모르고 그냥 살았다가 후에 보증금을 덜 받았던 경험이 있습니다.

사연자5 이사를 나갔는데 주인이 마루에 스크래치가 생겼다고 수리해야 된다면서 전세보증금 2억 5천만 원 중 5백만 원을 일방적으로 빼고 안 돌려주고 있어요. 내용증명을 세 번이나 보냈지만 묵묵부답인 상태예요.

사연자6 현재 다세대 주택에 살고 있습니다. 작년 여름, 거실 쪽 윗집 베란다에서 물이 새서 천장에 곰팡이가 피어 집주인에게 수리를 요구했어요. 그런데 윗집 임대인과 알아서 하라는 답변을 들었어요. 하는 수 없이 임대차주택분쟁조정을 신청하여 집주인이 수리하게끔 했는데, 올여름 홍수 때는 안방에서 또 물이 새고 곰팡이가 피더라고요. 이번에는 아무것도 해주지 않아 손해배상청구 소송을 준비 중이에요.

계약할 때 특약 사항을 놓치지 마세요!

임대차 3법 시행 이후 전세보증금을 시세만큼 올리지 못하는 일이 생겼습니다. 이에 일부 집주인들은 조금도 손해를 볼 수 없다며 세세한 특약을 계약서에 넣는다고 해요. 아주 일부의 사례이긴 한데요. 못을 박으면 1개당 50만 원, 보일러 감가상각비 1년에 30만 원, 1년에 1회 세대 점검 거부 시 5백만 원, 동물을 키우는 건 금지이며 이를 위반하면 벌금 3천만 원, 벽걸이 TV 금지이며 위반 시 5백만 원 등입니다. 제가 지어낸 이야기가 아니고 2020년 11월 17일에 보도된 뉴스 속 실화입니다.

집주인과 세입자가 대립하는 것처럼 보이는 게 안타까울 따름입니다. 물론 계약을 할 땐 집주인과 세입자 모두 서로 원하는 특약을 계약서에 넣어야죠. 보일러의 경우 연식을 따져 7년 이상인데 고장 났을 시 노후가 원인이므로 집주인이 고친다, 마룻바닥이나 도배지의 스크래치는 생활 손상일 경우 그냥 넘어간다, 동물을 키운다면 반드시 계약 전에 확실히 해둔다, 누수 등의 이유로 곰팡이가 피었을 시 집주인은 즉각 수리에 나선다 등이요.

계약서에 명시되어 있다면 추후 소송을 진행하더라도 훨씬 유리한 입장이 됩니다. 그렇기에 소송까지 가지 않고 해결될 가능성이 크고요. 사실 임대차주택분쟁조정은 강제할 방법이 없어요. 법의 도움을 받고 싶다면 법률구조공단 무료 상담을 받아보는 것을 추천합니다.

세입자가 이런 특약을 요구하면 집주인이 싫어할 것 같아 망설여지나요? 이런 특약은 지극히 상식선이에요. 만약 이런 걸 싫어하는 집주인이라면 계약하지 마세요.

아무리 집을 구하는 게 큰일이라고는 하지만, 다 사람 사이에 오가는 거래입니다. 내가 생각해도 무리한 요구가 아니라면 물어볼 수 있어야 해요. 정당하게 돈 내고 그 집에 살 권리를 얻는 건데 왜 눈치를 봐야 하죠? 왜 나만 손해를 감수해야 하죠? 계약은 쌍방 간에 체결하는 겁니다. 어떤 문제가 발생했다면 서로 협의해야 하고, 그 협의가 문제로 불거지기 전에 특약을 계약서에 꼭 넣어주세요!

Q4.
제가 왜 그런 선택을 했을까요?

의뢰인들의 하소연

사연자1 독립 초반에 급하게 집을 구하느라 매월 소득의 3분의 1이나 되는 금액을 월세로 냈어요. 갈수록 돈은 안 모이고 뭐 하나 사는 데도 부담이 되고 스트레스가 쌓였어요. 결국 계약 기간을 모두 채우지 못하고 전세로 옮겼습니다. 그 과정에서 허비한 돈이 너무 아까워요.

사연자2 지금 직장이 첫 직장이에요. 월급이 얼마나 귀여울지 짐작되시죠? 190만 원뿐인 월급인데 그중 47만 원을 월세로, 9만 원을 오피스텔 관리비로 내요. 물론 상황상 다른 선택지가 현저히 적기도 했지만 너무 급한 선택은 아니었나 싶어요.

사연자3 2018년에 집을 살까 말까 엄청 고민했습니다. 하지만 결국 사지 않았고 대신 부동산에 '급매물'이 나오면 연락 달라고만 했죠. 그러나 연락은 오지 않았고 그 시기를 놓친 후론 집값이 너무 올라서 매매는 꿈도 못 꾸게 되었습니다.

사연자4 길 하나를 사이에 둔 두 아파트를 매매 후보로 두고 보고 있었어요. 저는 그중 8천만 원 더 저렴한 쪽을 택했죠. 그게 2016년인데요. 5년 정도 흐른 지금, 두 아파트의 집값은 더 벌어져 2억이나 차이가 난답니다….

사연자5 언론에서 한창 이제 대출이 쉽지 않을 거라고 떠든 적이 있어요. 그걸 보고 몇 년간은 집 살 생각을 완전히 접었어요. 그때 대출을 받아 집을 살 수 있었을 텐데, 뉴스만 믿고 직접 알아볼 생각은 하지 않았어요. 부동산 선택권을 셀프 박탈한 제가 너무나 밉습니다.

사연자6 프리랜서인데 회사 다닐 때 전세자금대출을 받아 좀 더 비싼 전셋집으로 가지 못한 게 한이에요. 항상 대출을 받지 않고 현금으로만 이사 다니려고 했거든요. 그때 금리도 지금보다 좋았는데 이젠 프리랜서라 대출도 너무 어렵고, 기회를 잡기가 힘들어요.

마음 아파할 시간에 행동으로 나서주세요!

이 책에서 저 역시 부동산과 관련해 후회되는 일이 많았다고 고백했죠. 그래서인지 잘못된 판단으로 이제 와 후회하는 분들의 이야기를 들으면 제 마음도 어찌나 아픈지 모르겠어요.

하지만 여러분, 후회가 길어질수록 상황을 바꿀 시간만 늦어진다는 걸 기억해야 합니다. 잘못된 선택이라 생각되면 바로잡는 행동을 실천하면 되는 거예요. 실수 한 번 안 하고 사는 사람이 없잖아요. 우리가 처한 상황도 언젠가 바뀌기 마련이고요.

이번엔 각각의 후회에 대한 답변보다는 우리가 지금 당장 어떤 행동을 하면 좋을지를 말해볼게요. 앞으로의 부동산 시장을 예측하며 나만의 결론을 내리고 행동에 나서보세요.

예측 1 '인서울'이 아닌 '탈서울'이 트렌드가 될까?

코로나19 이후 집값 비싸기로 유명한 도시 뉴욕의 월세가 뚝 떨어졌다는 소식이 들렸습니다. 재택근무로 인해 회사 근처에 거주할 필요가 없어진 데다 도시 외곽의 넓고 조용한 주택에서 여유로운 공간을 확보하려는 사람들이 많아졌기 때문입니다. 이처럼 도심에서 비싼 월세를 감당하려는 사람들의 수가 점점 줄어들자 자연스럽게 월세가 떨어진 것이죠.

우리나라에서도 재택근무가 많이 이뤄지고 있어요. 코로나19 이후에도 재택근무를 유지하려는 기업들이 있을 거예요. 재택근무를 시행해보니 업무 효율성이 크게 떨어지지도 않았고, 부담스러운 사무실 월세 등의 고정비도 줄일 수 있었으니까요. 한 달에 몇 번 출근을 안 해도 되는 거면 굳이 값비싼 주거비를 감수하면서까지 인서울을 해야 할까요? 오래되고 불편한 구축 아파트보다 더 넓고 쾌적한 수도권의 신축 아파트가 더 낫지 않을까요?

실제로 서울의 낡은 구축 아파트보다 경기도 외곽의 신축 아파트가 더 비싸기도 합니다. 물론 교통의 입지에 따라 조금씩 다르기는 하지만요. 그래도 이러한 지표를 확인할 수 있다는 건 집의 의미가 잠만 자는 공간에서 일을 포함한 생활의 공간으로 바뀌었다는 걸 뜻합니다. 게다가 재택근무가 일반화되면 러시아워도 사라져 경기도 외곽에서 서울로 이동하는 불편함도 점차 개선될 것으로 기대됩니다.

예측2 소형 주택의 인기가 사라질까?

한동안 대형 평형이 골칫거리가 되고, 소형 평형이 뜨는 시절이 있었습니다. 1인 가구가 증가하면서 자연스럽게 예측된 현상이었죠. 실제로 대형 평수와 비교해 소형 평수의 아파트값이 더 비싸게 느껴지기도 했습니다. 이런 현상은 상당히 오래 지속되었는데요. 그런데 요즘 반전의 기미가 보이고 있습니다. 코로나19 이후로 작은 집에 오래 머무는 게 힘들어졌기 때문입니다.

재택근무를 하고 자녀들의 등교도 어려워지면서 집 안에 업무 또는 학업을 위한 방이 별도로 필요해졌습니다. 또한 모든 가족 구성원들이 다 함께 집에 머무는 시간이 늘어나면서 전보다 집이라는 공간이 조금은 북적이게 되었죠. 이 때문에 더 넓은 집으로 이사를 하기가 쉽지 않은 사람들은 집에 쌓인 불필요한 짐들을 내다버리기 시작했습니다. 집 정리가 트렌드가 되고, 다시금 미니멀리즘 콘텐츠가 뜨는 이유이기도 합니다.

앞으로는 1인 가구도 방 3개짜리 집을 선호할 것 같지 않나요? 일하는 방, 잠자는 방, 쉬는 공간이 있어야 3단계 거리두기를 해도 비교적 덜 힘들게 지낼 수 있으니까요.

자, 다시 뼈아프게 후회 중인 경험을 떠올려보세요. 집을 사지 않은 게 후회된다고요? 앞으로 재택근무를 한다면 머물고 싶은 집을 기준으로 다시 생각해보세요. 그때 사지 않은 집이 지금은 내게 적합하지 않은 집일 수도 있습니다. 호재 없는 집을 사서 가슴 아프다고요? 그 호재가 언제 끝날지 알 수 없습니다. 월세 때문에 걱정이 크다고요? 월세도 앞으로 어떻게 바뀔지 모를 일이에요. 집을 사지 않고 전세를 선택한 시간을 되돌리고 싶다고요? 그 전세금으로 살 수 있는 집은 얼마든지 있습니다.

제가 지금까지 말씀드린 예측은 김원철 저자의 《코로나 이후, 대한민국 부동산》(알에이치코리아, 2020)이란 책에서 소개한 내용입니다. 제가 이 책을 읽으며 느낀 건 이겁니다. 지금 우리는 너무 현재에만 몰두해 있다는 거예요! 집값이 비정상적으로 비싸지만 100년 후에도 계속 이럴까요? 지금 내 집 마련을 못 했다고 평생 무주택자가 될까요? 분명 그렇지 않을 겁니다.

지나치게 자극적인 뉴스에 쓸데없이 휘둘려 불안해하지 마세요. 가만히 앉아 과거를 후회하고 막연히 불안감을 느낄 시간에 자리에서 일어나 행동해주세요. 지금 내가 선택할 수 있는 최선의 집을 찾아 이사를 하든, 몇 년 후의 이사를 준비하며 포스트 코로나의 부동산을 공부하든, 우리가 할 수 있는 일은 분명 있습니다. 그 움직임이 미래의 나를 더 나은 곳으로 이끌어준다는 걸 절대 잊으면 안 됩니다.

Q5.
앞으로의 부동산 전망을 모르겠어요!

의뢰인들의 하소연

사연자1 집값, 그 녀석 정말 모르겠어요. 정말, 정말 하나도 모르겠어요….

사연자2 복잡하네요. 바뀌는 정책들을 보면 집값이 내릴 것 같기도 하고, 반발 심리로 더 오를 것도 같고요. 잘 모르겠습니다. 하하하!

사연자3 그걸 알면 제가 지금 이렇지는 않을 텐데요?

전망보다 소망을 기획하세요

앞으로 부동산 시장이 어떻게 변할까에 대한 정말 솔직하고도 현명한 답변들입니다. 맞습니다. 앞으로 집값이 오를지, 내릴지 그건 아무도 모르는 일입니다. 부동산 전문가들도 전망을 예측하지만 다 맞히는 게 아니잖아요?

다만 이렇게 현명한 대답을 하신 분들에겐 공통점이 있더군요. '그래서 여러분은 언제 집을 살 계획인가요?'라는 질문에 대부분 불투명한 대답을 하셨다는 것입니다. 언제 살 수 있을지도 모르겠고, 과연 내가 살 수 있을지도 모르겠고, 한숨만 나온다는 거죠.

여러분, 앞으로의 집값이 어떻게 될지 모르는 것과 반대로 내 집 마련 플랜은 아주 명확하고 확실하게 짜야 합니다. 내가 딴 건 몰라도 내 집 마련 계획만큼은 철저히 짜겠다는 다짐과 실행이 필요합니다.

그런데 몇몇 분들은 집값이 하락할 것이라거나 오를 것이라는 등 어떤 전망을 콕 집어 말하기도 합니다. 그리고 참 흥미롭게도, 서로 각기 다른 답변임에도 이유는 하나로 통하더군요.

하락파1 인구는 감소하고 다주택을 하기도 어려워지는 상황이라면 결국 집값은 하락하지 않을까 생각됩니다.

하락파2 언젠간 떨어지지 않을까요? 청약 광풍이 불었던 지역들의 아파트 건설이 완료되면 그 시점부턴 집값이 떨어질 것 같아요. 게다가 대출 규제가 심해서 전세 들어올 사람을 구해야 하는데, 인구 감소로 들어올 사람도 없어지고 3기 신도시의 어마어마한 물량까지 쏟아진다면?

상승파1 서울의 집값은 오를 것 같습니다. 반면 지방이나 위치가 좋지 않은 지역의 집값은 계속 떨어질 것 같네요.

상승파2 서울에서 살고 싶어 하는 사람들의 수는 늘어나면 늘어나지 줄어들진 않을 것 같아요. 수도권 인구 집중 현상이 풀리지 않으면 집값은 계속 우상향일 듯합니다.

집값 하락을 전망하는 분들이 공통적으로 꼽은 이유 중 하나는 '인구 감소'였습니다. 인구 감소는 이미 진행되고 있는 사회적 현상이기도 하죠. 시간이 지날수록 속도가 더 빨라질 거란 이야기도 많이 들어왔고요. 그런데 놀랍게도 '인구 감소' 때문에 집값이 오를 거라고 추측하는 분들도 있어요. 인구가 감소하더라도 사람들은 전국에 분포해 살지 않고 수도권에 모여 산다는 거죠.

실제로 인구학 전문가인 서울대학교 보건대학원 조영태 교수가 말하길, 인구가 감소할수록 사람들은 더더욱 수도권에 모여 살 것이라고 합니다. 학생 수가 아무리 줄어도 다들 서울대학교에 가고 싶어 하는 것처럼 인구수가 줄어도 수도권으로 가려는 사람들의 수는 계속 유지될 것이란 뜻입니다.

결국 인구 감소라는 공통된 전망을 두고도 누구는 '집값 하락'을 예상하고, 또 누구는 '집값 상승'을 생각하는 겁니다. 과연 무엇이 더 현실적인 판단일까요?

우리가 미래를 대비하기 위해 참고하면 좋을 조영태 교수의 인구 전망 이야기를 조금만 더 전해드릴게요. 우리나라 인구수는 2050년부터 급격히 줄어들기 시작한대요. 2050년부터 2100년까지 매년 제주도 인구만큼 사라진다고 합니다. 2020년 현재 우리나라의 인구는 5천만 명인데요. 2100년에는 약 1,800만 명으로 줄어든다는 거죠. 그런데 지금 5천만 명 중 51%가 수도권에 살고 있습니다. 2100년에도 대부분의 사람들이 수도권에서 산다면 아무리 인구가 줄어도 수도권에 살고 있는 사람은 크게 체감을 못 할 가능성이 큽니다.

여기서 우리가 생각해봐야 할 부분은 줄어드는 인구가 계속 수도권 집중 현상으로 이어질 것인가, 기술의 발달과 재택근무의 일상화 등으로 공간의 경계가 허물어져 지방 거주가 생각보다 괜찮아질 것인가 하는 판단입니다. 수도권 집중 현상이 계속 이어진다고 판단되면 집값 상승을, 시공간의 경계가 자유로워진다고 생각하면 집값 하락을 떠올리겠죠.

조영태 교수에 따르면 10년 내의 인구 변화는 굉장히 미미하다고 합니다. 우리가 체감하지 못하는 수준이래요. 그렇다면 인구 감소 때문에 집값이 하락하는 일은 10년 내에는 일어나지 않을 확률이 높겠죠.

인구가 본격적으로 줄어든다는 2050년에는 어떨까요? 여러분이라면 그때 집값이 하락해 집을 살 수 있겠다 싶은가요? 지금으로부터 30년 후 여러분의 나이는 어떻게 되나요? 지금 30대라면 60대가 되겠네요. 인구 감소로 집값이 떨어질까 기대하며 내 집 마련을 그때까지 미루고 싶은 건 아니죠? 집을 합리적인 가격으로 사는 건 정말 중요하지만, 최저가가 될 때까지 하염없이 기다리며 은퇴하는 나이가 되는 건 다소 무모한 일이 아닌가 싶습니다.

집은 필수재라고 생각합니다. 어쨌든 사긴 사야 한다고 생각하니까 언제 사면 좋을지, 앞으로 가격이 어떻게 될지 계속 살펴보고 고민하는 걸 거예요. 앞으로도 계속 수많은 정보와 전망이 쏟아지겠죠. 그 속에서 흔들리지 않으려면 여러분만의 철학이 있어야 합니다. 나의 재정 상태와 계획과 라이프스타일 등을 고려해 언제, 어디에, 어떤 집을 마련할 것인지 아주 명확한 계획을 세우세요. 여러분이 홈 스위트 홈을 마련하는 그날까지 제가 계속 응원할게요. 여러분은 반드시 해낼 수 있습니다!

적게 벌어도 내 집 마련에 성공하는
3단계 생각 플랜

집블레스유

만든 이

초판 1쇄 인쇄	2021년 5월 17일
초판 1쇄 발행	2021년 5월 24일
지은이	정은길
펴낸이	변민아
편집	박지선
마케팅	서슬기
디자인	김규림
인쇄	책과6펜스

펴낸 곳

펴낸 곳	에디토리
출판등록	2019년 2월 1일
	제409-2019-000012호
주소	경기도 김포시 김포대로 739 제1동 215호
전화	070-8065-4775
팩스	031-8057-6631
홈페이지	www.editory.co.kr
이메일	editory@editory.co.kr
인스타그램	@editory_official

책 정보

Copyright	정은길, 2021
ISBN	979-11-974073-2-1 (03320)

- 책값은 뒤표지에 있습니다.
- 파본은 구입하신 서점에서 교환해드립니다.
- 이 책은 저작권법에 의하여 보호를 받는 저작물이므로 무단 전재와 복제를 금합니다.
 이 책의 전부 또는 일부를 재사용하려면 반드시 에디토리와 저작권자의 동의를 받아야 합니다.

판형	128*200mm
표지종이	아르떼 울트라화이트 210g
본문종이	백색모조 100g
제본	무선제본
표지후가공	써멀무광라미네이팅, 에폭시, 투명홀로그램박